Herderbücherei

Band 1087

Über das Buch

„Dein Glaube hat dich gesund gemacht", sagt Jesus zu den Geheilten im Neuen Testament. Damit ist eine Erfahrung angesprochen, die über lange Zeit vergessen war. Ärzte und Patienten vertrauten mehr auf den Apparat, auf die Medikamente, auf die medizinische Technik. Doch in dem Maße, in dem der Zweifel an dem „Reparaturdenken" wuchs, wuchs auch die Einsicht, daß es entscheidend ist, was der Kranke selbst in den Heilungsprozeß einbringt: die Hoffnung, die letztlich aus einem tiefen Vertrauen in den Sinn des Lebens kommt. Der Autor ist diesem Zusammenhang von Heilung und Heil im Laufe seiner medizinischen Forschung immer wieder nachgegangen. In vielen Vorträgen hat er darüber berichtet. Jetzt faßt er die Einsichten eines langen Gelehrtenlebens in diesem Taschenbuch zusammen für Ärzte und Seelsorger, Psychologen und Schwestern, vor allem aber für die Kranken selbst, die neue Kräfte der Gesundung in sich entfalten wollen.

Über den Autor

Hans Schaefer, geboren 1906 in Düsseldorf. 1930 Dr. med. in Bonn; 1933 Habilitation für Physiologie; danach Tätigkeit in Bonn, Bad Nauheim und Gießen; 1950–1974 o. Professor an der Universität Heidelberg, 1974 emeritiert. Mitbegründer der Max-Planck-Gesellschaft; von 1968–1974 Präsident der Paulus-Gesellschaft. 1975 Großes Verdienstkreuz des Verdienstordens der Bundesrepublik Deutschland. – Zahlreiche Bücher und über 700 wissenschaftliche Arbeiten wurden bisher von ihm veröffentlicht.

Hans Schaefer

Dein Glaube hat dich gesund gemacht

Herderbücherei

Originalausgabe
erstmals veröffentlicht als Herder-Taschenbuch

Herder Freiburg · Basel · Wien
Herstellung: Freiburger Graphische Betriebe 1984
ISBN 3-451-08087-7

Inhalt

Vorwort

Von Franz Kardinal König, Wien

Medizin und Religion befanden ursprünglich sich – wenn wir einen nur flüchtigen Blick in die Geschichte der Religionen werfen – in einer wechselseitigen Verbindung und Abhängigkeit. In europäischer Sicht befanden sich beide lange Zeit in einem Gegensatz zueinander. Heute sind Wissenschaft und Glaube – auch vom Standort des Mediziners – nicht mehr ein Gegensatz, sondern sie scheinen in mancher Hinsicht aufeinander zuzugehen.

Prof. Hans Schaefer, mit dem mich schon lange freundschaftliche Gespräche im Umkreis von Wissenschaft und Religion verbinden, hat daher ein aktuelles Thema aufgegriffen. Denn Medizin und Theologie haben beide mit dem Heil des Menschen zu tun. Heute weiß auch der Arzt, wie sehr sein Heilsplan durch seelische Kräfte seines Patienten beeinflußt werden kann. Davon weiß nicht nur der Psychotherapeut zu berichten, sondern sogar der Chirurg. So hat z.B. der Grazer Professor Moser in einer seiner Arbeiten darauf hingewiesen, daß ein seelischer Insult im Falle eines Krebskranken Anlaß sein kann für die Bildung von Metastasen. Das geschah geraume Zeit, bevor irgend jemand über den psychischen Einfluß auf das Krankheitsgeschehen beim Krebs zu sprechen kam.

Arzt und Priester handeln also mit einem Ziel, das sich für beide heute als verwandt erweisen muß, wenn der Arzt nicht ganz ohne die Hilfe seelischer Kräfte auskommt. Es ist das Anliegen des Buches, die Verwobenheit der beiden auf den Menschen zielenden Wissenschaften, Medizin und Theologie, vom Standpunkt einer modernen wissenschaftlichen Medizin aus zu begründen; einer Medizin, welche auch die Psychophysiologie in ihr System einbezieht.

Schon die Heilung leiblicher Defekte zeigt, daß die Heilkraft der Natur alles Wesentliche leistet, aber in entscheidender Weise durch seelische Kräfte verstärkt werden kann. Die Reichweite des Seelischen ist schwer zu bestimmen. Sie ist aber erheblich größer, als es die derzeitige Medizin anzunehmen pflegt. Diese Einsicht wird auch dadurch bewiesen, daß Krankheiten, soweit sie nicht erblich bedingt sind, sehr stark auch durch gesellschaftliche Einflüsse verursacht werden. Solche Einflüsse können auf vielfältige Weise wirksam werden; darunter treten solche seelischen Ursprungs immer stärker hervor.

Daraus ergibt sich ein doppelter theologisch-seelsorglicher Aspekt. Der Dienst der Kirche hilft durch ihr Menschenbild und durch das Hinführen zu einer echten Nachfolge Christi mit, auch Krankheiten zu verhüten. Denn ihre pastorale Führung ist zugleich eine Anleitung z.B. zu Mäßigkeit, Geduld und Demut; damit werden auch wichtige Risikofaktoren für Krankheiten ausgeschaltet. Nicht zuletzt ist es die Hoffnung, die eine große Heilkraft besitzt. Auf dieses Thema geht der Autor in ausführlichen Überlegungen besonders ein.

Der zweite Aspekt besteht darin, daß der Mensch in einer Gesellschaft lebt, die ihn sowohl schützen als auch kränken (krank machen) kann; das heißt, daß die „Gemeinde“ nicht nur die seelische, sondern auch die leibliche Gesundheit jedes ihrer Glieder ein gutes Stück mit zu verantworten hat.

Das Buch versucht damit, eine zugleich theologisch und medizinisch argumentierende Anthropologie verständlicher zu machen. Es will auf diese Weise dazu beitragen, die Grundlage des „Gesprächskreises Kirche und Wissenschaft“ zu verdeutlichen – eines Gesprächskreises, der dem Autor besonders verpflichtet ist.

Ich hoffe und wünsche, daß die vielen Anregungen dieses Buches weiterwirken und viele Früchte bringen für Theologie und Pastoral wie für die Medizin, beide auf je verschiedene Weise berufen zum Heilsdienst am Menschen.

1.
Das Wunder des Heilens

Ein Hamburger Chefarzt machte vor Jahren einen aufregenden Versuch. Er hatte von einem „Fernheiler" in München gehört, der über große Entfernungen hinweg die Kraft haben sollte, kranke Menschen gesundzumachen. Seine Reise nach München führte rasch zu einer Übereinkunft: Der Fernheiler versprach, jeden Morgen eine Stunde lang seine Fernkräfte auf die Reise nach Hamburg zu schicken, wo vier Patienten Heilung von ihm erwarteten. Der Chefarzt sagte niemandem etwas von seiner Verabredung: Die Kraft des Magiers sollte ganz allein wirken, und jedenfalls ohne Wissen seiner Patienten.

Nichts geschah, in vielen Wochen. Der Chefarzt entschloß sich, seinen Vertrag mit dem Fernheiler aufzukündigen. Nachdem dieser seine Fähigkeiten nicht mehr zur Verfügung stellte, teilte der Chefarzt den vier besonders gefährdeten Patienten mit, was er in München verabredet habe, nur mit der kleinen Täuschung, daß er vorgab, die magischen Heilströme würden erst jetzt ausgestrahlt werden. Das Wunder geschah: der Zustand der Patienten besserte sich. Eine Patientin, die mit geschwollenem Bauch und wassersüchtigen Beinen im Bett lag, entwässerte, kam zu Kräften, stand wieder auf und lebte noch viele Monate in relativer Frische, bis sie freilich ihrem Krebsleiden erlag. Andere Patienten blieben gesund.

Dies geschah von einem Chefarzt, der keine religiösen Kräfte entfalten wollte und entfaltet hatte. Was würden die Menschen sagen, wenn ähnliches von religiösen Wunderheilungen berichtet würde? Von biblischen Wundern? Aus Lourdes? Zwei Lesarten gäbe es: Sehr kirchlich gesonnene Menschen würden ein Eingreifen Gottes, ein Wunder also, annehmen, das über alle Gesetze der Biologie hinweg den Leib dieser Patienten gesundgemacht hätte. Die andere Lesart: Es sei Betrug am Werk, denn Wunder gebe es nicht, und man sei schließlich in dieser Hinsicht einiges von der Kirche gewohnt.

Beide Lesearten hätten unrecht. Weder wäre ein religiöses Wunder geschehen, noch wäre Betrug im Spiel gewesen. Dem Hamburger Chefarzt würde man beides nicht zutrauen. Seinen Berichten würde man Glauben schenken, aber nicht viel Notiz von seinem Bericht nehmen. Er ist denn auch so gut wie verschollen, obgleich leicht auffindbar[1]. Niemand gab diese Berichte weiter. Sie paßten beiden Parteien, welche die eben beschriebenen Lesarten erfunden hätten, nicht ins Konzept.

Aber schließlich geschieht Unglaubliches alle Tage unter unseren Augen. Die seltsame Tatsache muß dabei am Anfang unserer Betrachtung stehen, daß nicht etwa die Wunderheilungen an Wallfahrtsorten heute das öffentliche Interesse finden. Sie sind auch selten geworden. Es scheint kaum mehr Menschen zu geben, welche diesen Glauben an die Heilkraft Gottes noch haben, mit dem sie den Berg Krankheit versetzen könnten. Unser Interesse ist auf Heilungen gerichtet, die sich durch außergewöhnliche, außerhalb der Schulmedizin praktizierte Methoden erzielen lassen. Nun sollten wir freilich nicht im gleichen Atemzug von den schwachbrüstigen Wirkungen jener Zuckerpillen reden, welche (als Placebo bezeichnet) oft fast genau so gut wirken wie das Medikament, an dessen Stelle man sie verabreicht, nur muß der Patient glauben, es sei wirklich das Medikament. Zwar scheinen mir diese Placebo-Effekte von der gleichen Art zu sein, wenn auch ein Theologe mir diese Annahme kürzlich heftig bestritt. Es werden aber in der Medizin der Außenseiter tagtäglich Heilungen vollbracht, die denen der Schulmedizin gleichkommen, wenn sie diese nicht gar übertreffen. Nicht jede Krankheit ist freilich heilbar. Es gehören zwei Dinge zum Effekt: eine glaubensstarke Persönlichkeit, welche etwas gerade von diesem, sie behandelnden Heiler hält, und eine Krankheit, welche aus Gründen, die wir jetzt nicht erörtern wollen, den seelischen Kräften des Glaubenden zugänglich ist.

Nun könnte uns ein Blick zurück in die Geschichte der Medizin lehren, daß es immer zwei Strömungen der Heilkunde gegeben hat, eine glaubensmäßige und eine wissenschaftliche[2]. Ich möchte mich sogar zu der Annahme versteigen, daß die meisten Heilmethoden, welche im Laufe der früheren Jahrtausende angewendet worden sind, sofern sie überhaupt halfen, über ihre seelische Wirkung, über den Glauben an sie, geholfen haben. Denn noch vor 200 Jahren gab es sicher kaum Formen der Krankenbehandlung, welche den heutigen Ansprüchen an exaktem Wirkungsnachweis genügen würden, wenn man von einigen Arzneimitteln und besonders begnadeten, aus reicher Erfahrung handelnden Ärzten absieht.

Wer sagt uns aber, daß auch in unserer aufgeklärten Zeit die Dinge grundsätzlich anders geworden sind? *M. Balint*, ein großer Arzt, hat von der „Droge Arzt" gesprochen[3]. Damit wollte er sagen, daß die Hand des Arztes, an den man glaubt, Dinge bewirken kann, die nichts anderes als diesen Glauben an ihn zur Ursache haben. Nun wollen wir das Kind Medizin nicht mit dem Bade des Wunders ausschütten. Kein nachdenklicher Arzt wird leugnen, daß es gewaltige Erfolge der modernen Medizin gibt, die nichts mit Wunderheilungen zu tun haben. Zwar werden nicht die Lahmen wieder gehen, aber die Rheumatiker, denen der Schmerz jeden Schritt unmöglich macht, stehen auf und wandeln. Der Schmerz ist überhaupt der große Hemmer, der Bösewicht Nummer eins, dessen Ausschaltung gewaltige Konsequenzen hat[4]. Mit einer künstlichen Hüfte kann man wieder schmerzfrei gehen und ist ein Mensch, dem das Leben wiedergeschenkt wurde. Es gibt unzählige, wissenschaftlich begründete Eingriffe dieser Art.

Nun ist unser Anliegen in diesem Buche nicht, von Wunderheilungen zu berichten. Wir werden das Thema zwar wieder aufgreifen, aber um etwas anderes daraus abzuleiten. Dein Glaube hat dir geholfen – in dieser biblischen Aussage sind zwei Dinge angesprochen: der Glaube und die Hilfe. Vom Glauben zu schreiben steht mir nicht zu. Aber über die Hilfe habe ich viel in meinem Leben nachgedacht, und das Ergebnis möchte ich mitteilen. Denn diese Hilfe ist eben nicht eine Wunderheilung in einer Ausnahmesituation, sondern ein Heil das unentwegt auch ins Heilen hinüberwirkt, weil Leib und Seele des Menschen untrennbar sind, weil vor allen Dingen Leib und Seele zur Gesundheit etwas brauchen, das uns heutzutage nicht mehr ohne weiteres zur Verfügung zu stehen scheint.

Denn wenn Menschen in einem erschreckenden Maße, in kaum glaublicher Häufigkeit, krank sind; wenn uns ein Mikrozensus berichtet, daß kaum mehr als die Hälfte aller Menschen sich gesund „fühlt“[5]; wenn trotz einer emsigen Tätigkeit von Ärzten, Wissenschaftlern und Vereinigungen aller Art die großen Krankheiten zunehmen und nicht zurückgehen; wenn die Menschen nicht glücklicher, sondern unglücklicher werden, obgleich es ihnen materiell so gut geht wie nie zuvor; dann muß etwas falsch an der Struktur unseres Lebens sein, dann ist etwas in Unordnung geraten, das nur bei gesunden und glücklichen Menschen „in Ordnung“ ist.

Wir müssen vom Seelischen im Menschen sprechen, wenn wir das Heil betrachten wollen, das aus dem Glauben fließt. Denn dieser Glaube kann nur durch das wirken, was man „Seele“ nennt, und dessen Existenz wir am ehesten dadurch vor Augen führen, daß wir die *Wirkungen* betrachten, welche die menschliche Seele ausübt. Wo etwas wirkt, ist eine Wirklichkeit offenbar.

Unsere Seele wird von Kräften gestaltet, welche von außen auf uns einwirken. Man macht es sich viel zu leicht, wenn man glaubt, Gott habe uns die Seele gleichsam gebrauchsfertig eingehaucht. Was er uns gab, sind Anlagen, die entwickelt werden müssen. Unter den Entwicklungshelfern der Seele spielt das Religiöse eine große Rolle – oder könnte sie spielen, wenn Religion und Menschen in einer ihnen gemäßen Ordnung zusammenwirken würden.

Unsere Frage ist also verständlich, die da lautet, warum wohl das Verhältnis zwischen den Menschen und ihren Kindern gerade in unserer Gegenwart, gerade auch in unserem Vaterlande, so fragwürdig geworden ist. Sind es die Seelen oder die Kinder, welche versagt haben? Spielt also die Kirche, in die man hineingeboren ist (und bei mir ist es die katholische) ihre Rolle richtig? Ist vielleicht die Ordnung, in der sich die Kirche befindet, daran abzulesen, wieweit die Seelen, mit denen sie umzugehen hat, in Ordnung sind? Sind also die leib-seelischen

Zusammenhänge, die in der seelischen Beschaffenheit der Menschen so tiefgreifend umgestaltet werden können, ein Maß auch für das Leben der Kirche? Und da Gesundheit vom Leib-Seelischen abhängt: ist die Gesundheit der Menschen eine Aufgabe auch der Kirche, und vielleicht gar ein Gradmesser ihrer ordnenden Kraft?

Von solcher Glaubenskraft haben schon viele Schriftsteller geschrieben. Das (auch nicht so absolut) Neue an unserem Unternehmen wird sein, daß ein Arzt diese Gedanken entwickelt, der sich einer wissenschaftlichen Medizin unlösbar verbunden weiß.

Nun ist Wissenschaft, so wird mancher Leser einwenden wollen, eine fragwürdige Sache. Selbst ein Nobelpreisträger, *Alexis Carrel*, hat von ihr zugegeben, daß sie der Menschheit keinen „wahren" Fortschritt gebracht hat[6]. Nun muß erstens nicht alles stimmen, was Nobelpreisträger sagen. Es fragt sich zweitens, was *Carrel* hier unter „wahrem" Fortschritt versteht. Ich bin sicher, daß er, der ein gläubiger Christ war, unter dem „wahren Fortschritt" die Festigung und Vertiefung jener Ordnung verstanden hat, deren Zerstörung uns krank macht. Daß er gewußt hat, daß Gesundheit auch (wenn auch nicht nur) durch ein Leben wiederhergestellt werden kann, welches die Ordnung in unserer Seele wiederherstellt. Wissenschaft ist kein Garant dafür, daß es uns gut geht, denn sie allein motiviert uns nicht, unser Leben zu ändern.

Was Wissenschaft kann, ist etwas völlig anderes. Sie kann uns sagen, was unser Glück stört, nennt uns also die Störenfriede mit Namen und nennt uns die Mittel, sie zu vertreiben. Mit ihrer Hilfe können wir zwar nicht die Kraft finden, um unser Leben zu ordnen, aber wir können durch sie erkennen, ob unser Leben hinreichend geordnet ist, um ungefährdet zu sein. Wissenschaft leitet das Denken, aber nicht das Handeln[7].

Wissenschaft sagt uns dabei über drei Dinge etwas aus, die in unserem Anliegen besonders wichtig zu sein scheinen:

sie sagt uns etwas über die „Wirklichkeit" dessen, was wir in der Alltagssprache unsere Seele nennen, und Wirklichkeit ist für uns alles, was Wirkungen auslösen kann;

sie sagt uns etwas darüber, was in unserer Welt notwendig ist, um frei von Angst und Not zu sein;

sie sagt uns endlich etwas über das Wesen jener Kräfte, mit denen Seelisches besonders starke Einflüsse auf die Welt der Sachen (der „Tatsachen“) und insbesondere auf die Wirklichkeit unseres Leibes ausübt.

Hiervon berichten die drei Abschnitte dieses Buches.

2.
Die Realität des Seelischen

2.1 Das Problem

Der Mensch wurde von der scholastischen Philosophie, einer Formulierung des heiligen *Augustinus* folgend, als das „animal rationale", als das Tier mit Vernunft, bezeichnet, und *Ludwig Klages* hat mit seiner Definition vom „denkenden Tier" diese Formulierung wieder aufgenommen[1]. Vermutlich trifft keine der zahllosen anthropologischen Definitionen die Sache so genau wie diese alte scholastische. Freilich hat auch sie (wie alle Definitionen) ihre Schwierigkeiten. Es bleibt dem Anwender dieser Definition überlassen, was er unter „ratio", unter Vernunft, versteht. Definitionen dieser Art, die sich nicht etwa auf einen durch Erbanlagen unverwechselbar geprägten Körper beziehen (wie es angeblich *Platon* meinte, der den Menschen ein zweibeiniges Tier ohne Federn genannt haben soll), solche Definitionen kommen letzten Endes immer durch Vergleich oder Ausschließung zustande: Vernunft ist das, was der Mensch hat und dessen er sich bei seinen Handlungen bedient. Es werden also, genau besehen, Mensch und Vernunft wechselseitig miteinander definiert. Lassen wir die Frage beiseite, ob Tiere Vernunft haben können, so entsteht doch sofort die Frage, ob das Seelische, nach dessen Realität wir fragen, nichts als diese menschliche Vernunft sei.

Wir finden noch ein anderes Problem vor, wenn wir von der Realität der menschlichen Seele sprechen. Die Krankheiten des Menschen nehmen unter bestimmten Umständen Charakteristika an, die wir vom Tier in freier Wildbahn nicht kennen. Der Hamburger Internist *Arthur Jores* hat darauf aufmerksam gemacht. *Jores* meinte das so, daß nur der Mensch die sogenannten psychosomatischen Krankheiten entwickeln kann, Verhaltensstörungen ebenso wie körperliche Veränderungen, z. B. Magengeschwüre[2]. Dieser Gesichtspunkt hat sich freilich in einem entscheidenden Punkt als revisionsbedürftig erwiesen: das Tier erkrankt an psychosomatischen Krankheiten sehr wohl, dann, wenn man es künstlich, d. h. mit menschlicher List, unter Verhältnisse bringt, welche menschlich-gesellschaftlichen Konflikten gleichen. Die Kraft des menschlichen Ingeniums ist also so groß, daß sie die Gesundheit selbst der Tiere verändern kann. Allerdings hat die menschliche Experimentierkunst eine sehr lange Zeit gebraucht, bis es ihr gelang, dem Tier solche psychosomatischen Krankheiten aufzudrücken. Doch gelang das letztlich nur dadurch, daß man lernte, daß psychosomatische Krankheiten zwar seelisch verursachte Krankheiten sind, daß aber die Erzeugung des seelischen Zustandes, der krank macht, nur mit Vernunft eingesehen und also auch nur mittels dieser Vernunft auf das Tier übertragen werden kann. Ein Tier, dem man z. B. praktisch unlösbare Aufgaben stellt, es aber für das Nicht-Finden der Lösung bestraft, wird neurotisch, und Magengeschwüre stellen sich bald ein. Es ist sicher, daß hierbei die Angst des Tieres neben der Ungewißheit, wie es reagieren soll, den Ausschlag zur Erzeugung der Krankheit gibt. Wir lernen also, was kluge Ärzte schon vorher erahnt hatten, daß es Gefühle (Emotionen) und insbesondere Angst sind, welche den Leib mit Krankheit verändern können.

Wir entdecken eine Dreiecksfigur, in deren Ecken Vernunft, Gefühl und Leib stehen, und zwar so, daß diese drei Begriffe in ständiger Wechselwirkung aufeinander bezogen sind. Da wir auch unsere Gefühle in der Regel als etwas „Geistiges“ oder „Seelisches“ betrachten, scheint es also, als ob dies seelische Wirkungen am Leibe hat, welche unsere Vernunft als leibliche Folgen seelischer Ursachen erkennt, aber nicht ohne die Hilfe solcher Gefühle hervorrufen kann.

Wir werden also gezwungen, durch unsere Erfahrung und durch die Analyse von Tatsachen, eine Ursachen-Beziehung zwischen Seele und Leiblichkeit anzunehmen. Seelisches wird uns durch diese Wirkungen erfaßbar, d. h., es kann auf die soeben dargelegte Art erschlossen werden. Aber jeder Mensch nimmt Seelisches in sich selbst auf eine ungemein direktere Art und Weise wahr. Wenn wir bislang über Vernunft und Gefühle schrieben, der Leser also offenbar Vorstellungen in sich entwikkelte, welche von den Vorstellungen des Autors nicht allzu verschieden sein werden, so ist eine solche Gleichschaltung des Denkens nur dadurch möglich, daß wir alle miteinander bei dem, was wir von anderen Menschen denken und wie wir unsere Wahrnehmungen ihrer Handlungen deuten, von uns und unserer Selbsterkenntnis ausgehen. D. h., wir setzen voraus, daß das von uns (wir sagen meist: subjektiv) Erfahrene nun auch in anderen Personen gleichartig vorhanden sei. Die Kunst des Deutens fremden Handelns nach dem Maßstab der Erfahrungen von uns und in uns selbst nennen wir Hermeneutik. Diese Kunst des Deutens ist offenbar deshalb so erfolgreich, weil das Innenleben der Menschen in der Regel (im Fall der „Normalität“) erstaunlich gleichartig zu sein scheint.

Die erste Facette unseres Problems wird klar: Wie können wir das Innenleben anderer Menschen erfassen, worauf also gründet sich der Umgang miteinander, die mitmenschliche Intimität, ohne deren Funktionieren jede Gesellschaft, jedwedes Management zur Wirkungslosigkeit verurteilt ist? Hinter dieser Frage scheint aber bereits die zweite auf. Sind jene seelischen Vorgänge, die wir in uns entdecken, etwas, das abseits vom Leibe in geistiger Unberührbarkeit existiert, um das wir uns also, sofern wir Leistung und Gesundheit von unserem Leib erwarten, nicht zu kümmern brauchen? Jeder moderne Mensch weiß, daß dem nicht so ist – allein der (wenn auch falsche) Begriff der Managerkrankheit beweist, in welche Dimension der menschlichen Entartung wir geraten, wenn wir die Gefühle in uns und in unseren Mitmenschen über dem rationalen Handeln vergessen.

Wir wollen unsere Betrachtung zunächst auf Hermeneutik gründen, also nach dem fragen, was in uns selber vorfindbar ist, um auf das zu schließen, was in anderen Menschen vorgeht. Die Realität des Seelischen ist zunächst eine Erfahrungstatsache, die wir an uns selber feststellen, als leibliche Begleiterscheinungen unserer Gefühle.

Wenn uns eine Nachricht in Angst oder Aufregung versetzt, schlägt unser Herz schneller und heftiger als sonst. Wir erblassen oder erröten, die Hände zittern, wir mögen Durchfall bekommen oder Magenschmerzen, das Herz kann sich in einem Anfall von sogenannter Angina pectoris verkrampfen, und dabei mag das Gefühl einer tödlichen Angst, einer unerträglichen Enge, auftreten, die Angina pectoris. Die leiblichen Folgen erkennen wir durch die Beobachtung mit unseren Sinnesorganen oder Meßinstrumenten. Der Leib (*unser* Leib) ist die Sache (res), an der wir Seelisches als wirksam konstatieren: Wir sehen die Realität, die Sach-Bezogenheit, des in uns erlebten Seelischen unmittelbar ein, und zwar mit ihren beiden Seiten, der seelischen und der körperlichen.

Unser Verstand sagt uns dazu, daß zwischen Seele und Leib eine Wirkung hin und wider läuft. Wirkung heißt, daß etwas sich dort ändert, wenn hier etwas geändert wird. Wirkungen dieser Art lassen sich nur in uns selbst erleben, an anderen Menschen nur durch die Veränderung der „Sache Leib" ablesen, d. h. die Realität des Seelischen auch bei anderen Personen wird nur in der Analogie zu uns selber erfaßbar.

Die Geschichte der Philosophie gibt hierzu eine höchst eindrucksvolle Parabel. *Descartes,* der große Philosoph zu Beginn der Neuzeit, war sich der hier entwickelten Problematik bereits voll bewußt. Für ihn entstand jetzt die Frage, wie das doch in vieler Hinsicht dem Menschen so ähnliche Verhalten der Tiere zu deuten sei. Über das Seelenleben der Tiere war grundsätzlich nichts zu erfahren. Das Tier hat ja keine Sprache. Der Mensch aber, gemäß der philosophischen Grundeinstellung der damaligen Zeit, stand hoch über allen Lebewesen und war, er allein, mit einer unsterblichen Seele begabt. Der Schluß schien also zwingend, daß die Tiere, wenn auch äußerst komplizierte, so doch letztlich reine Maschinen waren, denen keinerlei seelische Funktionen zugeschrieben werden konnten[3].

2.3 *Der Dualismus*

Mir begegnen nun immer zwei Ansichten, die beide gleichermaßen einseitig sind. Die erste besagt, daß Leib und Seele zwei grundsätzlich verschiedene Dinge sind, welche weitgehend unabhängig voneinander existieren können. Die Seele oder der Geist – ein zwar dem Leibe hinzugefügtes Wirkprinzip –, das jedoch auch ohne leibliche Bindungen existiere, sich vielleicht gar im Tode von diesem Leibe löse und in ein unvergängliches Reich anderer Geister eingehe: „Wie er jedem Erdenbande, der alten Hülle sich entrafft und aus ätherischem Gewande hervortritt erste Jugendkraft!" So steht es am Ende des Faust. Diese Hypothese der beiden menschlichen Bereiche, durch das Christentum weniger als durch eine idealistische Philosophie geformt, hat bis in die Gegenwart ihre Fürsprecher. Die zweite These ist die von der völligen Einheit von Leib und Seele. Seele ist, so hat es *Friedrich Nietzsche* formuliert, nur ein etwas am Leibe, ein „Epiphänomen", das dem Leiblichen so obenhin aufliegt und anhängt und nur der Ausfluß des Leiblichen ist[4]. Diese Hypothese, mit der man sich, interpretierte man sie korrekt, vielleicht sogar einverstanden erklären könnte, wird dann aber gerade auf dem Tatsachengebiet, von dem ich nun berichten will, umgebogen zu einer Doktrin der Leib-Seele-Einheit, die etwa folgendermaßen aussieht. Was immer an sogenannten psychophysischen Ereignissen abläuft, ist ein untrennbares Verwobensein von Seelischem und Leiblichem: keines von beiden ist die Ursache des anderen. Vielmehr entstehen die leiblichen und die geistigen Vorgänge zugleich und mit gleichem Grunde aus inneren Anlässen. Man nennt diese These bekanntlich Monismus, die andere, zuerst geschilderte, Dualismus. Der Monismus tut sich leicht darin, die Bindung von Leiblichem und Seelischem zu verstehen: Sie bedarf ja seiner Meinung nach einer Erklärung nicht, da die Seele die eine Seite einer Sache ist, deren andere Seite wir Leib nennen. Wir weinen weder, weil wir traurig sind, noch sind wir traurig, weil unsere Tränen fließen. Trauer und Tränen sind beide der gleichzeitige und untrennbare Ausdruck eines Vorgangs, den wir, je nach dem Blickpunkt unseres Bewußtseins, bald als Trauer, bald als Träne erfahren.

Der Dualismus hat es hinsichtlich dieses Zusammenhangs von Leiblichem und Seelischem schwerer. Er findet immer wieder zu einem Prinzip zurück, das in den seltsamsten Verkleidungen angeboten wird: die Philosophen des vorigen Jahrhunderts haben es den psycho-physischen Parallelismus genannt. Diese Hypothese sagt etwa folgendes aus: Wenn irgend etwas in meinem Leib geschieht, so geschieht auf eine Weise, die oft als „geheimnisvoll" bezeichnet wird, auch etwas in meinem Geist. Der Leibesteil, der Geistiges auf so geheimnsivolle Weise hervorbringt, ist natürlich das Gehirn, und ein Spötter hat es dann schließlich so ausgedrückt, daß die Seele ein immaterielles Sekret des Gehirns sei, das Gehirn also die Drüse der Seele.

Es ist amüsant zu sehen, wie sich moderne Philosophen und Physiologen darum bemühen, diese ihnen allzu vordergründig erscheinende Hypothese mit neuen Begriffen aufzupolieren. Mein physiologischer Kollege *John Eccles,* Nobelpreisträger und Naturphilosoph, hat mit dem Soziologen *Karl Popper* gemeinsam eine neue Formulierung für dieses uralte psychophysische Parallelen-Bild gefunden. Er spricht vom „Interaktionismus": beide, Gehirn und Seele, wirken innig aufeinander ein[5]. Wie sie das tun, bleibt unserem Erkenntnisvermögen verschlossen.

Natürlich haben zahlreiche Naturphilosophen ein Prinzip wohl erkannt, das m. E. an der Basis jedes Versuchs stehen muß, die Realität des Seelischen zu analysieren. Sie haben den *methodischen* Grund erkannt, der uns zwingt, entweder das eine *oder* das andere zu erfassen. Seelisches erfahren wir *nur* durch das Selbsterlebnis, die Schau in unser Inneres, die sogenannte Introspektion. Das Leibliche, das dieses seelische Innenleben begleitet, erfahren wir hingegen nur durch die Beobachtung mit unseren Sinnesorganen oder mit Meßinstrumenten. Leibliches und Seelisches sind Erfahrungsgebiete, die durch einen prinzipiell anderen methodischen Zugang erfahrbar werden. Es gibt keine unmittelbare Vergleichbarkeit beider Methoden. Was uns bleibt, ist in der Tat nur die Feststellung, daß z. B. bei bestimmten seelischen Erlebnissen, die wir leidlich genau durch Selbstbeobachtung bezeichnen können, wie z. B. Wachen und Schlafen, elektrische Ströme in Gehirnzellen fließen, die sich in charakteristischer Form voneinander unterscheiden. Da die Methoden, mit deren Hilfe wir Realitäten erkennen, etwas unser Erkenntnisvermögen *absolut* Begrenzendes und Bestimmendes sind, ist es also völlig undenkbar, über diesen Leib-Seele-Dualismus methodisch hinauszukommen. Was bleibt, ist die Erfahrung einer innigen wechselseitigen Abhängigkeit beider, die uns in der Selbstbeobachtung überzeugend klar und einsichtig („evident") wird. Hierzu einige Beispiele.

2.4 Die Grenzen des Verstehens

Seelisches hängt von leiblichen Bedingungen in totaler Bedingtheit ab, d. h., es kann Seelisches nur geben, wenn bestimmte leibliche Bedingungen erfüllt sind. Überfluten wir z. B. unser Gehirn nur mit wenigen Gramm Alkohol, so werden alle geistigen Prozesse unvermeidbar verändert. Entfernen wir Teile des Gehirns oder werden solche Teile durch Krankheit funktionsuntüchtig gemacht, so wandelt sich unser Selbstbewußtsein, und zugleich wird, für andere Menschen leicht erkennbar, unser Verhalten, unsere Leistung verwandelt.

Dieser Vorgang, der in bestimmten Phänomenen jedermann bekannt ist, gibt uns einen Blick in Tatsachen frei, die wir selten klar zu durchdenken pflegen. Wie es einem leicht alkoholisierten Zeitgenossen zumute ist, das wissen alle, die schon einmal einen Rausch gehabt haben. Einen solchen Rausch haben wir uns aus zwei Gründen zugemutet: Er machte uns Spaß, und wir wissen, daß er ungefährlich ist, weil sich seine Wirkung ohne bleibende Folgen verflüchtigt. Wenn bei einem Eingriff in unser Gehirn diese beiden Bedingungen nicht erfüllt sind, pflegen die meisten Menschen eine eigene, willkürlich herbeigeführte Erfahrung mit solchen Eingriffen abzulehnen. Dennoch wissen wir über viele derartige Eingriffe etwas aus Berichten, welche von Menschen stammen, die derartige Eingriffe an sich selber erleiden mußten, durch Krankheiten und deren operative Behandlung oder durch Unfälle. Doch auch hier gibt es eine wesentliche Voraussetzung für unsere Kenntnisse der seelischen Situation, die bei Veränderungen des Leibes erzeugt wird: Der auf seine seelischen Folgen zu untersuchende Eingriff muß dem Opfer dieses Eingriffs die Fähigkeit belassen haben, uns etwas über seine inneren Erlebnisse in einer von uns verständlichen Sprache mitzuteilen. Wo aber der Eingriff diese Fähigkeit der Mitteilung zerstört oder schwer verändert hat, wissen wir über die seelische Situation nur das, was wir aus anderen Verhaltensformen des Leiblichen erschließen können. Ein Mensch, der sein Sprachvermögen durch einen Schlaganfall verloren hat, kann durch Gebärden, vielleicht auch noch durch eine stammelnde Rede etwas von dem ausdrücken, was er erlebt. Die Feinheiten seines inneren Zustandes aber bleiben uns verborgen. Die Hirnchirurgen haben, um bestimmte Krankheitsformen, z. B. unerträgliche Schmerzen, erträglicher zu machen, in letzter Zeit verstümmelnde Operationen am menschlichen Gehirn absichtlich ausgeführt. Wir haben dadurch aber nur durch indirekte Methoden, z. B. die Befragung des Operierten gelernt, wie es in einem Menschen ohne Stirnhirn aussieht: Er fühlt offenbar Schmerz, aber so, wie der Normale eine Berührung empfindet, ohne den Beigeschmack des extrem Unangenehmen.

Wenn aber ein Patient nicht mehr über seine Erfahrungen berichten kann und wir auch aus seinen Leistungen nichts über sein Innenleben erfahren können, sind wir von ihm durch eine undurchdringliche Wand der Verschiedenheit, die eine Abgeschiedenheit bedeutet, getrennt. Auch was ein Säugling von sechs Monaten empfindet, wissen wir nicht. Sein Unvermögen, sich anders als durch Schreien mitzuteilen, hat die Menschen jahrtausendelang zu der Annahme verleitet, er sei empfindungsarm, lebe in einem „dummen“ Lebensalter, und also sei es gleichgültig, wie man mit ihm umgehe, wenn er nur gut ernährt und gepflegt werde, um ins reifere Alter zu kommen. Heute wissen wir, daß der Mangel einer konstanten Bezugsperson im ersten Lebensjahr den späteren Erwachsenen lebenslang unfähig macht, zu vertrauen, also die Welt als verläßlich anzusehen, da ihm das Erlebnis des Verläßlichseins, die Wiederkehr des gleichen Gesichts einer liebenden Mutter, nicht erfahrbar gemacht wurde[6]. Der Säugling kann also Erfahrungen in bleibende Gefühle umsetzen. Da wir aber niemals mehr das Gehirn eines Säuglings zu einer Zeit besitzen, wo wir schon denken können, bleibt uns das, was in seinem Gehirn an Bewußtsein vor sich geht, grundsätzlich verschlossen.

Wir wollen diese Trennwand, die uns jeden Schluß auf das Seelische in Gehirnen verwehrt, die anders konstruiert sind als unser Gehirn, die *hermeneutische Trennwand* nennen: eine Wand, durch die hindurch keinerlei Schluß auf fremdes Seelenleben möglich ist, wenn uns nichts mehr von dieser Seele berichtet wird. Diese Trennwand trennt uns aber auch von solchen menschlichen Lebewesen, die wir in unserer Ahnungslosigkeit meist recht gut zu kennen glauben: von Menschen mit einem völlig von dem unserigen verschiedenen Erfahrungs- und Bildungsstand. Von solchen Menschen könnten wir nur etwas erfahren, wenn zwei Bedingungen erfüllt sind: Wir müßten in uns vergleichbare Erfahrungen vorfinden, und der andere müßte seine Innenwelt in einer für uns verständlichen Sprache ausdrücken können. Beide Bedingungen fehlen mehr oder weniger, wenn Gesprächspartner aus sehr verschiedenen Bildungsschichten oder gar Kultur- und Sprachräumen stammen. In der Welt der höheren sozialen Ränge und des Management bildet sich allmählich eine neue, weltweit gültige Konvention hinsichtlich der Deutung von Gefühlen und ihrer sprachlichen Vermittlung aus. Wo aber solche Konventionen fehlen oder mangelhaft sind, bleiben sich Menschen fremd, um so mehr, als dann auch gemeinsame Wert- und Zielvorstellungen fehlen. Was ein moderner Arbeiter denkt, bleibt einem Generaldirektor wohl grundsätzlich verschlossen, ebenso wie zwischen den jungen Rebellen und dem alten Establishment die hermeneutische Trennwand aufgerichtet ist. Kommen zum fehlenden Verständnis noch soziale Spannungen mit Aggressionen hinzu, so ist das zerstört, was man heute gerne die Friedensfähigkeit nennt.

Eine solche brüderliche Verständigung ist offenbar von der Natur nicht im Verhalten des Menschen angelegt. Sein grundsätzliches Unvermögen, Seelisches in anderen zu erkennen, hindert ihn am „Verständnis“ des Fremden selbst dort, wo eine Verständigung durch gemeinsame kulturelle Tradition möglich wäre. Die Religionskriege Europas, selbst die grausamen Ereignisse im Iran, von Nordirland ganz zu schweigen, sind nicht durch die Unmöglichkeit der Verständigung, sondern durch Machtkämpfe gekennzeichnet, hinter denen freilich das Problem aufscheint, daß niemand in die Sache des anderen blicken, niemand das Gleichartige, das Brüderliche, und damit das Versöhnliche erkennen kann. Um wieviel größer werden die Schwierigkeiten für den Frieden werden müssen, wenn Menschen zudem durch verschiedene Kulturen und Traditionen sich zu sehr verschiedenen Charakteren entwickelt haben, deren Sprache nicht nur, sondern auch deren Mienenspiel und Verhalten uns fremd und daher nicht deutbar ist.

Auch der Glaube der Menschen ist in der Regel ein Faktor der Trennung. Wir erleben im Christentum diese Trennung der Brüder durch Verschiedenheiten des Glaubens schmerzlich. Da wir vom Glauben nur dort sprechen sollten, wo eine natürliche Einsichtsfähigkeit, wo Erkennen im wissenschaftlichen Sinn nicht möglich ist, ist gerade dieser außerhalb der natürlichen Kommunikationsmittel liegende Gegenstand des Glaubens ein durch rationale Methoden nicht zu beseitigendes Hindernis der Verständigung.

Wenn wir im Lichte dieser naturwissenschaftlichen Einleitung das moderne christliche Menschenverständnis betrachten, so entdecken wir, daß hier eine christliche Botschaft diese natürlichen Trennwände wegzuräumen sucht. Eine Religion, die uns auffordert, in jedem anderen Menschen den Bruder zu suchen und möglichst zu finden, ist eine scheinbar gegen die Natur des Menschen operierende Religion. Wir müssen diese Aussage zunächst richtig interpretieren. Die Natur des Menschen ist auf Abgrenzung, auf Lebenskampf und auf Vernichtung des Konkurrenten angelegt, sofern der Mensch ein Wesen ist, dessen Eigenschaften sich aus seiner tierischen Natur bestimmen. Was in der glaubensmäßigen Überwindung dieser Trennung, dieser Kampfsituation, geschieht, ist ein dem Menschen durch Kultur und Erziehung möglich gewordenes Verhalten, das ihm zwar biologische Kampf- und Verteidigungsmöglichkeiten nimmt, das ihm dafür aber eine von der tierischen Natur völlig verschiedene Einstellung ermöglicht, welche die Existenz einer großen, vielleicht gar die Erde umspannenden Organisation menschlicher Gemeinschaft zuläßt.

Die Christen haben diesen Sinn der urchristlichen Botschaft nicht zu allen Zeiten verstanden. Es gab in der Geschichte der Menschheit oft solche Phasen der zwischenmenschlichen Auseinandersetzung, bei denen das Verständnis durch das Erlebnis der Fremdheit unmöglich wurde. Fremdheit bedeutet, im biologischen Bereich ebenso wie in mitmenschlichen Beziehungen, sehr oft Feindschaft, wenn sich fremde Gruppen von Menschen begegnen und zwischen ihnen die Situation einer beliebigen Konkurrenz entsteht. Das II. Vatikanische Konzil hat aber immer wieder die Brüderlichkeit *aller* Menschen betont[7], und Papst *Johannes Paul II.* spricht dieselbe Sprache der obligaten Versöhnung[8].

Wir begegnen also in dieser von glaubensmäßigen Grundlagen her entwickelten Lehre der allgemeinen und unterschiedslosen Nächstenliebe einem Prinzip, das nicht unbedingt alle Schwierigkeiten aus dem Wege räumt, sicher nicht bei einer immer stärker wachsenden Weltbevölkerung. Das Prinzip ist aber die erste und unabdingbare Voraussetzung für die *Möglichkeit* der Befriedung. Dieses Beispiel zeigt, wie von der Religion her Hilfen zur Überwindung gewaltiger, weltweiter Probleme gegeben werden, von Problemen übrigens, die in der Natur des Menschen liegen und die man nicht einfach damit abtun kann, daß man den Menschen eine andere Einstellung mit rationalen Begründungen anempfiehlt.

Es zeigt sich nämlich, angesichts der tatsächlichen politischen Verwicklungen unter den Menschen, daß die Empfindung der Fremdheit, die in Feindschaft umschlägt, sofort tiefgreifende Gefühle wachmacht, die wir in der modernen Physiologie gerne Aggressionen nennen, ein Wort, das mehr beschreibende als erklärende Potenz hat. Denn wie die Theorie der Aggression, die zuerst von *Konrad Lorenz*[9] entwickelt worden ist, zeigt, hat das aggressive Verhalten einen tiefen biologischen Sinn, nämlich den der Revierverteidigung. Es steht also im Dienste der Arterhaltung; es hat eine biologische, natürliche Funktion. Diese Emotionen, die sich nicht in Aggression erschöpfen, sondern auch noch unter dem Phänomen des Neides[10], des Ehrgeizes, des Prestigestrebens, ja des Antriebs zu intensiver Arbeit wirksam sind, diese Emotionen sind ebenfalls allen Lebewesen eingeborene Reaktionsformen, die deshalb so mächtige Motivationen entfalten, weil das Ziel, die Arterhaltung, gegen eine feindliche Umwelt nur mit großer Mühe durchgesetzt werden kann.

Gegen diese emotionale Triebkraft ist jedes rationale Denken zunächst machtlos, aus guten biologischen Gründen. Für den Menschen gelten nicht von vornherein andere Gesetze. Erst durch seine Kultur hat er sich von seinen natürlichen Notwendigkeiten emanzipiert. Wenn jetzt also die Aggressivität gebändigt werden soll, um Fremdheit zu überwinden und eine Gemeinschaft der Menschen zu begründen, so bedarf es dazu starker Antriebe, also starker, neuer Emotionen, die uns nur aus einem Glauben zufließen, der über das Rationale hinausgeht. Diese emotionale Wirksamkeit wird uns insbesondere im dritten Kapitel beschäftigen. Weltkultur ist nur im Zeichen einer solchen, Fremdheit überwindenden, Menschenliebe möglich.

2.6 Seele und Krankheit

Wir haben einen fundamentalen Irrtum der Monisten, die also Leibliches und Seelisches als die zwei Seiten einer und derselben Sprache ansehen, noch nicht erwähnt: Der Monist hat es schwer zu entscheiden, ob Leibliches die Folge von Seelischem ist oder umgekehrt, Seelisches die Folge von Leiblichem. Diese Frage ist dann einfach entscheidbar, wenn wir das Gehirn durch äußere Einflüsse, also durch ein Experiment oder eine Operation, einen Unfall, eine Droge, verändern: Die Ursache der seelischen Folgen dieser Veränderung ist dann naturgemäß dieser Eingriff. Die Frage ist schwer entscheidbar, wenn leibliche Veränderungen auftreten, deren Ursache in Form eines Eingriffs körperlicher Art nicht offen erkennbar ist.

Beginnen wir mit einem zunächst jedermann verständlichen Beispiel: Man sagt einem jungen Mädchen eine Artigkeit, und es errötet. Man wird den Ursachenfluß hierbei sicher analysieren können. Ohne das Wort, die Botschaft, die es enthielt, die Gefühlsbewegung, die das Wort als beschämte Freude auslöste, wäre es nicht zu jener Erweiterung der Blutgefäße auf der Wange des Mädchens gekommen. Die Botschaft hat also eine Wirkung ausgelöst, die wir beobachten können und aus der wir auf Seelisches schließen dürfen.

Es gibt also offenbar eine vom Bewußtsein ausgehende Kraft, welche Körperliches verändert, eine Kraft, die an ihren Wirkungen genau so meßbar ist wie eine physikalische Kraft, die wir ebenfalls nur an ihren Wirkungen erkennen, ganz so, wie *Galileo Galilei* vor Jahrhunderten die Kraft der Gravitation aus der Bewegung erschloß, die sie einem frei fallenden Körper erteilt.

Eine solche seelische Kraft ist uns im Grunde altvertraut als die Ursache unserer Bewegung, die wir Willenskraft nennen und die unsere Muskeln zur Kontraktion bringt. Durch die Alltäglichkeit der Erfahrung hat sie für uns nichts Geheimnisvolles. Unverständlich wird eine seelische Kraft erst dann, wenn sie den Leib dort zu verändern beginnt, wo wir mit dem Entschluß des Willens nichts auszurichten vermögen. Wir nennen diesen Bereich des Leiblichen, der willkürlich nicht beeinflußbar ist, daher auch den autonomen Bereich, der offenbar nur seinen eigenen Gesetzen und Befehlen gehorcht.

Unmittelbar einsichtig, weil aus der alltäglichen Erfahrung bekannt, ist uns selbst im autonomen Bereich unseres Körpers eine leibliche Begleiterscheinung, welche durch äußere Reize, die Emotionen auslösen, bedingt ist. Eine Bedrohung, gleich welcher Art, löst umfangreiche Reaktionen an Kreislauf, Atmung, Schweißdrüsen und Motorik aus, die wir alle aus eigener Erfahrung kennen. Ein Problem entsteht erst dann, wenn leibliche Reaktionen ausgelöst werden, ohne daß solche offenbaren

Gemütsbewegungen erlebt werden oder man sie gar ausdrücklich leugnet.

Schon im Jahr 1935 hat eine bedeutende amerikanische Forscherin, *Flanders Dunbar,* eine Zusammenstellung von Literaturberichten über solche Reaktionen veröffentlicht, unter dem Titel: Gefühle und körperliche Veränderungen[11]. Das Beeindruckende an dieser Zusammenstellung war, daß erstmals eine Dokumentation vorgelegt wurde, welche der alltäglichen Erfahrung unzugängliche Einflüsse seelischer Art auf den Körper betrafen, Einflüsse nämlich, welche nur in Ausnahmesituationen als Ausnahmezustände, nämlich als Krankheit, beobachtet werden. Mit solchen Einflüssen kann man am Menschen keine Experimente machen, wie sich von selbst versteht. Man ist also auf das unfreiwillige Experiment der Krankheit angewiesen, um Erfahrungen über solche Zusammenhänge zu sammeln. Erfahrungen im klassischen Sinn, durch Beobachtung unserer seelischen Innenwelt, stehen, wie gesagt, nicht zur Verfügung. Derartige Einflüsse haben einen entscheidenden Schönheitsfehler: sie sind unsystematisch, beziehen sich auf einzelne Fälle, die selbst bei einer gewissen Ähnlichkeit so gut wie niemals bei verschiedenen Patienten völlig gleichartig beobachtet werden. Diese psychosomatische Krankheitslehre ist eigentlich erst in den letzten Jahrzehnten exakt bewiesen worden, nachdem eine Methode, die Epidemiologie, auf diese Phänomene angewandt wurde. Sehr vereinfacht dargestellt, handelt es sich dabei um folgendes: Wenn man den begründeten Verdacht hegt, daß eine bestimmte seelische Situation zu einer bestimmten Krankheit führt, beobachtet man eine größere Zahl von Patienten, welche an dieser Krankheit leiden.

Man beobachtet dann, welche seelischen Besonderheiten diese Patienten aufweisen und stellt, durch Einsatz von Computern, eine überzufällige Häufigkeit der Kombination ihrer Krankheit mit den vermuteten seelischen Faktoren fest. Für den Herzinfarkt ist dabei u.a. festgestellt worden, daß nicht nur die charakterliche Struktur des Menschen, d.h. sein Persönlichkeitsprofil (ehrgeizig, ruhelos, erfolgsbestimmt, energisch, zielbewußt usw.[12]), sondern auch seine emotionale Grundsituation mit hoher Häufigkeit mit dem Auftreten eines

Infarktes einhergeht. Solche Korrelationen finden sich z. B. zu sozialen Stressoren, emotional belastenden Lebenssituationen, wie dem Verlust einer geliebten Person, nach einer Scheidung, bei Schwierigkeiten im Beruf, bei Auswanderungen vor allem dann, wenn von einer technisch niedrigeren Kultur in eine technisch höhere gewechselt wird[13]. Man hat solche seelisch belastenden Reaktionen mit dem Oberbegriff eines schädigenden Stresses, mit Distreß, bezeichnet. Man hat festgestellt, daß Distreß dieser Art fast alle Krankheiten verschlimmert oder gar auslösen kann und daß man Lebenssituationen erst an ihrer krankmachenden Wirkung bezüglich ihrer Eigenschaft, Stressoren zu sein, erkennt.

Nun könnte diese sogenannte psychogene Krankheitsentstehung rätselhafter erscheinen, als sie ist. Ihr liegt aber ein Mechanismus zugrunde, der vermutlich bei allen diesen Krankheiten die Hauptrolle spielt. Seelische Erregungen werden im Gehirn in eine Erregung der autonomen Nerven umgesetzt. Wir hatten ja eingangs schon davon gesprochen, daß es der autonome Teil des Körpers ist, dessen Reaktion uns Rätsel aufgibt. Diese autonomen Nerven, und unter ihnen insbesondere der Sympathikus, sind an die aus der Umwelt einströmenden Erregungen deshalb angeschaltet, weil der Organismus auf diese Informationen meistens antworten muß, um seine Existenz zu sichern. Die Antwort kann in erhöhter Tätigkeit, in Kampf, in Nachdenken bestehen. Immer ist es wesentlich, daß das Bewußtsein klar, d. h. der Blutdruck, der seine Klarheit bedingt, hoch ist. Die Hände müssen greifen können, also vom Schweiß etwas befeuchtet sein, usw. Dies alles bewirkt der Sympathikus. Wenn sich nun im Lebenskampf das Individuum nicht abreagieren kann, so werden diese autonomen Erregungen zwar den Körper auf solche Reaktionen vorbereiten, aber die Reaktionen bleiben dann aus: Der erregte Mensch bleibt z. B. am Schreibtisch sitzen und läßt seine Aggressivität sich nach innen wenden. Geschieht das immer wieder, so bilden sich Folgeerscheinungen aus, die zu Krankheit führen, z. B. zu erhöhtem Blutdruck[14].

Die nunmehr schädlich werdenden Reaktionen waren im Plane der Natur ursprünglich als höchst zweckmäßige Vorbereitungen auf eine Auseinandersetzung mit der Umwelt angelegt. Was uns heute schädigt, ist also das Auseinanderklaffen von biologischem Ziel und kulturellem Verhalten. Weder können wir unsere Gegner im Kampf besiegen noch unseren Ehrgeiz durch Erfolge stillen. Unsere Gefühle sind zwar unserer Umwelt nach wie vor angepaßt: Wir müssen leiden, empören uns, sind wütend oder tatenfroh. Aber unsere sozialen Möglichkeiten, die Tabus des gesellschaftlichen Verhaltens, verbieten uns diese Reaktion. Sie sind unphysiologisch: Kultur ist eine antibiologische Haltung. Krankheit ist nicht zuletzt die Folge dieser Lebensform einer modernen Gesellschaft.

Es wäre nicht unmöglich, diese Reaktionen wieder unter die Kontrolle der Vernunft zu bekommen. Wir müßten nur lernen, Aggression in andere Kanäle zu lenken, also persönliche Verzichte mit mehr Menschenliebe und weniger Haß zu verbinden. Für unser Thema aber lernen wir, daß Seelisches eine elementare Funktion in der Selbstverteidigung spielt, daß es aber mit den kulturellen und sozialen Realitäten in Konflikt gerät und damit ein Risiko für uns wird.

2.7 Die Reichweite des Seelischen

Während noch vor Jahrzehnten in der sogenannten Schulmedizin alle psychosomatischen Theorien mindestens mit gößter Skepsis betrachtet, wenn nicht rund heraus abgelehnt wurden, dürfte heute kein Arzt mehr die Möglichkeit psychisch ausgelöster Krankheiten leugnen. Worüber nach wie vor eine erhebliche Uneinigkeit besteht, das ist die Reichweite des Seelischen. Was vermag die Seele am Körper zu bewirken?

Wir wollen diese Frage an drei Tatsachen erörtern, an einem einfachen Experiment, das uns den Blick für das Problem schärft, an der Frage der Wunderheilungen und am psychogenen Tod.

Beginnen wir mit dem Experiment: Wenn man einem Menschen in Hypnose suggeriert, man berühre seine Hand mit einem glühenden Eisen, in Wahrheit aber zur Berührung einen Stab von Zimmertemperatur benutzt, so wird ein heftiger Schmerz empfunden, und es entwickelt sich an der Berührungsstelle eine Brandblase oder mindestens eine tiefe Rötung der Haut[15]. Das Experiment ist deshalb so interessant, weil eine abnorme Reaktion, die Brandblase, an einer Stelle auftritt, die nur eine belanglose Berührung als Reiz empfing, einen Reiz also, der solche Reaktionen allein niemals auslösen könnte. Die Einbildungskraft der Versuchsperson, ein mit Sicherheit rein seelischer Faktor, bewirkt also ein an sich unverständliches Ereignis, das nur dadurch verständlicher wird, daß der Mensch, in dessen Einbildung eine Hitzeeinwirkung registriert wird, natürlich eine Kenntnis davon hat, welche Folgen normalerweise eine solche Verbrennung zeitigt. Die Erwartungsvorstellung von der Reaktion auf die Verbrennung läßt das Ereignis eintreten. Erwartungen realisieren sich. Seelisches wird Realität. Klarer könnte das Thema dieses Kapitels nicht erläutert werden.

Gehen wir einen Schritt weiter. Nicht nur das Neue Testament berichtet uns von wundersamen Heilungen. Bis in die neueste Zeit hinein geschehen sie unter unseren Augen und sind z. B. in Lourdes von dem dortigen „Bureau des Constatations" dokumentiert, also als „Realität" festgestellt worden. Ihr Erscheinungsbild unterscheidet sich von unserem Brandblasen-Versuch in einer einzigen Eigenschaft: Es werden bei den Wunderheilungen abnorme Vorgänge am Leib, nämlich Krankheiten, normalisiert. Wir werden in Kapitel 3 diesen Sachverhalt genauer behandeln.

In der sorgfältigen Darstellung der Heilungen von Lourdes besteht die „Heilung" in vielen Fällen darin, daß der Kranke Schmerzen, die ihn z. B. an normaler Bewegung hinderten, überwindet, nicht mehr ernst nimmt und also, biblisch formuliert, aufsteht, sein Bett nimmt und fortgeht. Er kann leisten, was ein Stirnhirnoperierter auch leisten könnte. Ein weiterer, sehr großer Prozentsatz solcher Heilungen besteht darin, daß Heilungsvorgänge, die wir aus der Medizin wohl, aber nur in langwierigen Verläufen kennen, ungewöhnlich rasch erfolgen. Sieht man von weiteren, schlecht dokumentierten Berichten ab, so bleibt ein kleiner Rest von völlig ungewöhnlichen Ereignissen, die in der klinischen Medizin in dieser dramatischen Form nicht beobachtet wurden: Wiederherstellung der Normalität in auffallend kurzer Zeit und bei schwer heilbaren Krankheiten (wie z.B. der ausgebreiteten Tuberkulose, die noch vor Jahrzehnten häufig zum Tode führte). Unter 232 Fällen, die *Franz Schleyer*[16] gründlich analysierte, finden sich nur 33, welche strengen Anforderungen an die Kennzeichnung als „unerklärbar nach üblichen medizinischen Gesichtspunkten" genügen, also rund 14%. Diese 33 Fälle aber besagen, daß es seelische Heilungen gibt, die in dieser Form in der Medizin nicht beobachtet worden sind. Wohl hat, wie wir eingangs schon berichteten, ein Hamburger Klinikchef (*H. Rehder*[17]) bei vier sehr schwer kranken Patienten zwar nicht sofort, aber doch ungewöhnlich rasch einsetzende Besserungen bedrohlicher Zustände beschrieben, welche unter der Suggestion ausgelöst wurden, ein Fernheiler werde die Patienten von München aus heilen. Hoffnung vermag fast ans Wunderbare grenzende Effekte zu erzielen, erst recht dann, wenn diese Hoffnung durch extreme religiöse Ekstase erzeugt wird.

Was ist nun der Mechanismus, mit dem die seelischen Einflüsse sich in körperliche Effekte umsetzen? Vielleicht ist es unstatthaft, von dieser Umsetzung als einem „Mechanismus" zu sprechen. Wir wollen es dennoch tun, und darunter folgendes verstehen. Der Heilungsprozeß ist (übrigens hierin der experimentell-psychogenen Brandblase gleichend) ein Vorgang, bei dem meßbare Veränderungen genau definierbarer Art an Körperzellen ablaufen. Diese Veränderungen müssen entweder durch chemische Übermittler oder durch Nerventätigkeit ausgelöst werden. Wir kennen die chemischen ebenso wie die nervösen Vorgänge im Prinzip. Wir trauen ihnen nur nicht die Schnelligkeit solcher Wirkungen und auch nicht ihren Umfang zu. Das „Wunderbare" an diesen Seelenwirkungen ist ihre quantitative Seite. Daß Seelisches unser Nervensystem und chemische, insbesondere hormonale Vorgänge des Körpers beeinflußt, ist dagegen eine banale Tatsache. Ungewöhnlich ist in der Tat nur die Intensität solcher Wirkungen und ihr ungewöhnlicher Verlauf in zeitlicher und räumlicher Hinsicht.

Vorgänge in der Umwelt rufen also über Seelisches, über Hoffnung und Erwartung, tiefe Veränderungen an der Materie des Leibes hervor, auf eine Weise, die sich der normalen, zum

Schutz des Lebens ausgebildeten Mechanismen nur auf eine extrem intensive Weise bedient. Das Normale wird übersteigert, doch entspricht der Übersteigerung in der Wirkung natürlich ganz die Übersteigerung in der Intensität der auslösenden Gefühle.

Die Frage, wieweit denn Seelisches reiche, was es also im extremen Fall zu bewirken vermöge, ist noch keineswegs vollständig beantwortet. Wir wollen dabei die wundersamen Berichte von Fakiren und Hypnotiseuren nicht behandeln, obgleich hier seltsame Tatsachen, von hervorragenden Physiologen aus Indien dokumentiert, berichtet worden sind. Ich möchte zum Abschluß dieses Tatsachenberichts vielmehr vom Extremsten an seelischer Realität berichten, das sich denken läßt: vom psychogenen Tod. Daß es ihn gibt, ist eine unbezweifelbare Tatsache, die in zahlreichen kritischen Berichten dokumentiert ist[18]. Um aber diesem Thema von vornherein den Charakter des Sensationellen zu nehmen, möchte ich zunächst von dem seelischen Tod eines Tieres berichten, der sehr sorgfältig untersucht wurde und als restlos aufgeklärt bezeichnet werden darf.

Das australische Baumhörnchen, Tupaja, ist ein schreckhaftes Tier. Setzt man ein schwaches Männchen in einem Käfig mit einem starken Männchen zusammen, so regt sich das schwache Tier ständig auf, kenntlich am Sträuben der Schwanzhaare. Wenn das Tier einen Tag lang diesen Streß erlitten hat, stirbt es, und zwar durch einen Ausfall der Nierenfunktion. Daß die Niere bei Tieren extrem empfindlich gegen seelische Einflüsse ist, hat mein früherer Mitarbeiter *Hartmut Kirchheim* an Hunden im Experiment gezeigt: jeder Ärger stoppt die Durchblutung der Niere fast vollständig[19]. An einem solchen Ereignis, über einen Tag anhaltend, würde jeder Warmblüter, auch der Mensch, zugrunde gehen. Ausgelöst wird dieser Stopp der Durchblutung durch den sogenannten Sympathikus-Nerv, den wir ja schon kennen. Der Tod des Tupaja, aus Angst vor dem drohenden Gegner, ist somit erklärt[20].

Alle beim Menschen beschriebenen seelisch bedingten Todesfälle sind Folge von Angst. Am meisten bekannt ist der sogenannte Voodoo-Tod bei Naturvölkern. Ein markantes Beispiel:

Ein Eingeborener bekommt Streit mit dem Medizinmann. Dieser sagt ihm, er werde in naher Zukunft, zu einer genau angegebenen Stunde, sterben. Der Eingeborene zieht sich kurz vorher in seine Hütte zurück und stirbt.

Wir wissen nichts über den Mechanismus, der diesem menschlichen psychogenen Tod zugrunde liegt. Wir wissen nur, daß Angst die verhängnisvollste seelische Kraft ist, die uns bedroht.

Diese Angst als den Tod letztlich auslösende Kraft muß sich natürlich auch bestimmter Mechanismen bedienen, welche das Leben dann schließlich beenden. Die Phantasie der Wissenschaftler war offenbar nicht sehr fruchtbar, und unmittelbare Beobachtungen liegen nicht vor[21]. Suggestion, Phantasie, der Glaube an die Unvermeidlichkeit des Todes – das sind Erklärungen ohne klärenden Inhalt. Beobachtungen an Tieren geben manche Hinweise. Auch hier trägt *Klaus-Dietrich Stumpfe* das bislang bekannte Material zusammen. Doch alle diese Hypothesen sind wenig befriedigend. Ich selbst halte eine starke Aktivierung des Sympathikus für *einen* der wahrscheinlichen Wege, doch scheint es auch das genaue Gegenteil zu geben: den Tod durch mangelhafte sympathische Tätigkeit, mit sinkendem Butdruck. Akute Todesfälle, die in Stunden bis zum Ende verlaufen, mögen durch vom Sympathikus ausgelöste Extrasystolen und Herzkammerflimmern erzeugt sein: es ist derselbe Todesmechanismus, der beim plötzlichen Herztod die Regel ist. Das Versagen der Nierentätigkeit tötet in Stunden, falls nicht vorher bereits Herzkammerflimmern eintrat. Auch die plötzliche Aktivierung der Schilddrüse mag zum Tode führen, durch Auslösung eines akuten Anfalls von Vergiftung mit Schilddrüsenhormon (Thyreotoxikose). Diese Aktivierung wird aber auch vom Sympathikus bewirkt, führt dann zu starker Übererregung des Nervensystems und in deren Folge vermutlich auch wieder zu Extrasystolen mit der Folge des plötzlichen Herzstillstandes durch Kammerflimmern. Da in solchen Zuständen maximaler Angst auch der Vagusnerv aktiviert wird, kann es um so leichter zum Herzstillstand kommen. Die umfangreiche Literatur kann hier nicht zitiert werden (vgl. entsprechende Literatur[22]). Der Tod durch eine „Schreckreaktion“

ist vermutlich ein multifaktorielles Ereignis wie alle anderen Krankheiten auch und durch das Zusammenwirken von Sympathikuswirkung auf das Herz und die Gefäße, die Niere und die Schilddrüse und die damit verbundenen sekundären Folgen eines Nierenschocks und einer rasch einsetzenden Überschwemmung mit Schilddrüsenhormonen („Schreckbasedow") bestimmt. Ob beim Schreckbasedow die Schilddrüse diesen dominierenden Anteil hat, wie man ebenso behauptet wie bezweifelt hat, ist dann schließlich belanglos[23].

2.8 Die Reichweite des Körperlichen

Das Kapitel über die „Reichweite der Seele" darf gerade in einem Bericht, der sich auch an geisteswissenschaftlich geschulte Personen richtet, nicht ohne eine Ergänzung bleiben, die für die theologische Betrachtung vielleicht noch wichtiger ist. Die Bedeutung körperlicher Bedingungen seelischer Prozesse wird nämlich oft erheblich unterschätzt, und die Tatsache, daß Seelisches so tief in Körperliches eingreifen kann, mag zu dieser Überschätzung sogar einiges beitragen. Dabei muß aus der Analyse der Reichweite des Seelischen eigentlich das Gegenteil geschlossen werden. Wenn nämlich seelische Vorgänge so weitreichende körperliche Folgen haben, so ist das nur damit erklärbar, daß Seelisches immer und notwendigerweise mit Körperlichem gekoppelt ist, diese Koppelung aber ebensowohl in der umgekehrten Richtung wirksam sein muß: Körperliches bestimmt unsere seelischen Vorgänge ebenfalls in einem erheblichen Umfang. Ja, man darf diesen Satz so extrem formulieren, daß *nichts* in unserem Geiste vor sich gehen kann, das nicht durch körperliche Vorbedingungen überhaupt erst ermöglicht würde. Die Ansicht von der absoluten Vorherrschaft des Geistes ist tief häretisch, was natürlich nicht bedeutet, daß nicht das Geistige das Wesen des Menschen vornehmlich bestimmt und für das menschliche Individuum eine hervorragende Bedeutung hat. Nur stehen Leib und Seele in einem Wechselverhältnis, das eine Gleichgewichtigkeit beider Teile in Hinsicht der kausalen Gewichte beinhaltet, und es ist eben die *menschli-*

che Eigenart des Gehirns, welche die menschliche Geistigkeit ermöglicht und wesenhaft bestimmt[24].

Für unsere geistigen Eigenschaften gilt, was wir später auch für Krankheiten ableiten werden und was für alle Eigenschaften lebender Wesen gelten muß: sie sind entweder angeboren oder erworben, und beim Erwerb bestimmt vorwiegend die soziale Umwelt, was aus uns wird. Dabei wirkt die Umwelt ständig auf unsere ererbten Anlagen ein und zwingt sie, sich mit der Umwelt auseinanderzusetzen und insbesondere sich ihr anzupassen. Was immer an intelligenter und sittlicher Leistung erbracht wird, ist das Resultat dieser Wechselwirkung. Der Theologe mag mit der Veranlagung die besondere Gnade Gottes verbinden – er hat wenig Glück damit bei den Naturforschern, die ihm nachweisen können, daß sich die ererbten Anlagen nach unerbittlichen Gesetzen aus der Abfolge der Ahnenkette gebildet haben. Ein Eingreifen Gottes wäre hier nur am Anfang, bei der Bildung menschlicher Erbanlagen aus noch nicht menschlichen Vorstufen, denkbar. Doch walten auch dort vermutlich eherne Naturgesetze, nur daß wir sie nicht kennen und ihr Ergebnis mit allzu einfachen Modellen, z. B. dem der Darwinschen Evolutionstheorie, erklären.

Ganz anders der Erwerb neuer Eigenschaften durch die soziale Umwelt, denn fast alles Wesentliche am Verhalten des Menschen ist diesen kontinuierlichen Einflüssen zu danken, die schon vor der Geburt beginnen[25] und lebenslang ihre Wirkung fortsetzen. Hier haben *Menschen* den entscheidenden Einfluß auf das Kind, und dieser Einfluß wird sehr stark durch die emotionalen Formen der Zuwendung, durch Sorgfalt und Ehrfurcht vor dem Kind, durch Liebe und Verantwortung bestimmt, also durch Dinge, welche von religiösen Einflüssen entscheidend geprägt sind. Ein alter Filmtitel drückte unser Anliegen besonders gut aus: Dieu a besoin des hommes – Gott braucht Menschen, um seine Absichten zu verwirklichen, und die geisteswissenschaftlich vorgebildete Theologie würde es sich zu leicht machen mit der Behauptung, Gott greife unmittelbar in die Naturgeschichte ein. Er tut es nicht, er kann es auch nicht, wenn wir seine Schöpfung ernst nehmen. Er sagt uns Menschen aber, was in seinem Sinne zu geschehen habe, und da er, wo zwei oder drei in seinem Namen versammelt sind, mitten unter ihnen weilt, ist es nicht schwer herauszufinden, was eine rechtgläubige christliche Lehre in der Sache der Menschenbildung vertreten wird. Wir, die das wachsende Lebewesen umgebenden Menschen, sind die Hilfswerkzeuge Gottes, und wenn wir versagen, ist das Resultat von nicht mehr reparierbarer bedrohlicher Qualität.

Es ist nun – das muß zugegebenen werden – extrem schwierig, genau anzugeben, welche unserer Eigenschaften angeboren, welche anerzogen (also erworben) sind. Methoden, diese Unterscheidung, so gut es geht, zu treffen, hat die Verhaltensforschung ausgearbeitet. Die einfachste, zugleich aber auch die fragwürdigste Methode ist die des Vergleichs tierischer und menschlicher Eigenschaften. Hier gibt es schon sehr alte wissenschaftliche Ansätze, deren sich bereits *Charles Darwin* bei seinen berühmten Deduktionen bediente. In seinem Buch über den „Ausdruck der Gemütsbewegung bei dem Menschen und den Tieren“[26] versucht er, das Wesen menschlichen emotionalen Verhaltens in Analogie zum tierischen Verhalten zu deuten. Insbesondere hat dann *K. Lorenz* mit seiner Schule diese Gedanken weiterentwickelt[27]. Das Ergebnis ist, kurz gefaßt, dieses, daß sich im Tierreich fast alle menschlichen Verhaltensformen vorgebildet finden, wenn auch in einfacherer Form.

Man hat gegen diese Art einer vergleichenden Verhaltenslehre gewichtige Einwände gemacht. Sie enden vorwiegend in der Behauptung, ein dem Menschen analoges Verhalten der Tiere sei dennoch etwas ganz anderes als das menschliche Verhalten selbst. Wenn also ein Schwan seiner Schwänin lebenslang treu sei, so sei das unvergleichbar mit dem Prinzip der Unauflöslichkeit der Ehe. Moralanaloges Verhalten von Tieren, wie *K. Lorenz* es beschrieben hat[28], ist sicher nicht identisch mit menschlicher Moral, ebensowenig wie tierische Intelligenz mit menschlicher identisch ist, obgleich beide viele Analoga zeigen und eine Modelltheorie entworfen wurde, welche menschliches Erkennen aus einer Weiterentwicklung des tierischen Analogons ableitet[29].

Hinter diesen biologischen Phänomenen des Verhaltens steht ein biologischer Sinn, der der Erhaltung des Individuums und der Art. Alle Lebewesen, auch der Mensch, haben in einer feindlichen Umwelt um ihre Existenz zu kämpfen, nur daß dieser Kampf beim Menschen, wie es sich gehört, in der Sphäre des Geistigen ausgetragen wird. Zu dieser Sphäre gehört auch die Technik, welche die modernen Waffensysteme geschaffen hat. Es gehört aber auch dazu die menschliche Vernunft und die menschliche Ethik, welche, beide miteinander im Bunde, allein die technische Vernichtung verhindern könnten. Unser Sozialverhalten ist aber ebenso wie unser politisches Verhalten durch eine Reihe ererbter, zwingender Eigenschaften vorprogrammiert, wie sich sehr schön an den Tatsachen der Gruppendynamik beweisen läßt[30]. Kommunikation und Abwehr, Freundschaft und Feindschaft stehen nicht völlig in unserem Belieben, und eine Friedenswissenschaft, welche erfolgreich sein will, muß von diesen Tatsachen Kenntnis nehmen und sie in ihr strategisches Konzept einbauen. Eines der wichtigsten Prinzipien der Minimierung von Konflikten ist z. B. die Entwicklung des Urvertrauens schon beim Säugling, die nur durch die Konstanz der sozialen Umwelt möglich gemacht wird. Eine Familienpolitik, welche eine solche Konstanz in dem biologisch notwendigen Rahmen nicht bereitstellen hilft, ist damit zugleich eine Politik des obligaten Unfriedens[31]. Die biologische Grundlage, auf der Urvertrauen erwächst und sich erhält, ist die Bekanntschaft der Menschen untereinander, und der größte Hemmungsfaktor für Urvertrauen ist die Anonymität der modernen Gesellschaft (s. Anm. 30), der nur die Gemeinschaft entgegenwirkt, in welche sich der Mensch eingebettet weiß. Wir lernen das Problem später genauer kennen. Die elementare Bedeutung einer „Gemeinde“ hat in diesem Problem ihren Ursprung.

Die genetischen Bedingungen der geistigen Existenz des Menschen werden also durch soziale Bedingungen[32] ergänzt, zu denen dann eine Reihe biologischer Bedingungen hinzukommen, die in unserem Zusammenhang fast banal erscheinen: die anatomische Struktur und der Stoffwechsel des Gehirns, der die Grundbefindlichkeit des Menschen auf das Entscheidendste mitbestimmt, wie man insbesondere am Beispiel der

Depressionen hat zeigen können[33]. Der verderbliche Einfluß von Alkohol und Drogen ist sattsam bekannt.

Was man allzu leicht übersieht, ist aber unter den sozialen Bedingungen der menschlichen Existenz das Problem der Masse. Der Nobelpreisträger *Elias Canetti* hat, unter dem Eindruck eines Jugenderlebnisses, den Menschen in der Masse analysiert und gedeutet[34]. Er geht von der Einsicht aus, daß der Mensch als Individuum im Normalzustand zu Seinesgleichen auf Distanz geht und allzu enge Berührungen vermeidet. In der Masse aber wird diese Berührungsangst überwunden, und es entsteht etwas völlig Neues, eine Individualität des Massenkörpers, in dem eine Massenseele sich bildet, mit gleichen Emotionen, Urteilen und Zielen der die Masse bildenden Individuen. Es gehört zu den merkwürdigsten Paradoxien des Menschen, daß er, der ohne Gesellschaft verloren ist, sich ebenso in diese Massengesellschaft hinein verlieren und „außer sich selbst" geraten kann. Religiöse Anlässe zu solchen Massenphänomenen hat es leider viele gegeben. Sie zählen nicht zu den Höhepunkten der religiösen Existenz des Menschen, weil in ihnen der Mensch unfrei und durch emotionale, vermutlich vorwiegend hormonale Zwänge gesteuert wird, deren Mächtigkeit den geistigen Eigenschaften des Menschen völlig zu widersprechen scheint. In dem „Außer-Sich-Sein" (der „Ex-stase") kann der Mensch sowohl zu den höchsten sittlichen Einsichten, ebenso aber zum totalen Untergang derselben gelangen. In diesem Sachverhalt wird mehr als in allen sonstigen psychophysiologischen Tatbeständen die Zerbrechlichkeit des Menschlichen offenbar.

2.9 *Schlußbetrachtung*

Wir haben nunmehr die Realität des Seelischen an zahlreichen Vorkommnissen kennengelernt. Seelisches, das wir direkt nur aus dem Selbsterlebnis kennen, mit den starken Wirkungen des Gefühlslebens auf autonome Lebensprozesse, hat sich an solchen Vorgängen auch bei anderen Menschen als erkennbar erwiesen. Seelisches ruft unter den Bedingungen der Kultur

Krankheit hervor, kann aber, wenn es nur intensiv genug erlebt wird, sowohl den Tod bewirken als auch die Krankheit heilen. In einer Zeit, in der uns die Technik gelehrt hat, die fürchterlichsten, den Menschen bedrohenden Krankheiten auszurotten, erweist sich Seelisches in gleicher Mächtigkeit als Krankheits- und Heilungsfaktor, je nachdem, ob wir Angst erleiden oder durch Hoffnung heil werden.

Uns drängen sich natürlich zahlreiche Beispiele der täglichen Erfahrung auf. Wir denken an den Plazebo-Effekt von Zuckerpillen, die, wenn wir sie für wirksame Medikamente halten, fast ebenso heilsam sind wie die Produkte der Pharmaindustrie. Wir denken an die Heilwirkungen moderner Magier, der medizinischen Scharlatane und Außenseiter, zu denen sich Patienten drängen, die an der Schulmedizin verzweifeln. Wir denken ebenso an das Heer der Kranken, welches uns unsere Zivilisation und unser unmäßiger Konsum bescheren. Krankheiten sind nicht immer, aber oft die Folge einer unter der sozialen Umwelt leidenden Seele. Doch auch die Gesundheit kann aus dieser Quelle stammen, wenn wir den Heilsversprechungen gläubig folgen. Der Glaube versetzt auch heute noch Berge, Berge des Leids, von denen unsere Seele befreit wird.

Wir, die wir in dieser modernen Gesellschaft unsere Rollen spielen, bemerken also, mit welchen Kräften die Umwelt unsere Seelen beeindruckt und damit die Realitäten von Krankheit, sozialem und politischem Elend und Tod erzeugt. Wir erkennen, daß das Heil der Menschen in einer inneren Haltung liegt, die zu befolgen wir immer mehr verlernen. In Bescheidung, Ruhe, Demut und Askese könnten wir in einer Überfluß-Gesellschaft alt werden. (Für die Welt der Armut in den Entwicklungsländern gilt das freilich nicht.) In einer Welt des egoistischen Kampfes aller gegen alle sind wir nicht nur unser eigener Feind, sondern auch der Feind unserer Mitmenschen, indem wir durch Forderungen an sie bei ihnen Unsicherheit, über Unsicherheiten Angst und über Angst Krankheiten und Tod erzeugen. Die Gesundheit der Menschen unserer Zeit ist ein Spiegelbild ihrer gesellschaftlichen Sittlichkeit. Sie liegt letztlich in unserer Hand.

Unsere Seele wäre mächtiger als der Leib, sie könnte die Materie überwinden, wenn sie eine Seele erfüllt von denjenigen Kräften wäre, welche man einmal Tugenden genannt hat. Das ist kein frommer Spruch, sondern das Resultat naturwissenschaftlicher Forschung. Wissenschaft zeigt uns Wege aus unserer Not – aber wer hat noch die Kraft zu der Bescheidenheit, welche uns das Konzept dieser Wissenschaft anempfiehlt?

3.
Heilen und Heil sind untrennbar

3.1 Die Reichweite des Problems

Wenn die Seele, wie es uns das vorige Kapitel zeigte, einen so enormen Einfluß auf den Körper hat, gibt es dann überhaupt irgend etwas, das unabhängig von seelischen Vorgängen, also nach *rein* physiko-chemischen Gesetzmäßigkeiten abläuft? Wenn es solche Vorgänge nur selten gäbe, müßte dann nicht alles, was aus unsere Seele Einfluß nimmt, mit sehr viel höherem Gefühl der Verantwortung betrieben werden? Und, um auf das Zentrum unseres Themas gleich zu Beginn dieses Kapitels abzuzielen: müßte nicht der geistliche Auftrag der Religionen, ausgeführt durch die Kirchen, den leiblichen Aspekt seiner Wirksamkeit stärker betonen? Sind, mit anderen Worten, Theologie und Kirche nicht zu spirituell geworden, in eine Häresie verfallen, die sie nicht einmal bemerken? Sind sie häretisch geworden im Zuge der Verwissenschaftlichung unseres Zeitalters, einfach deshalb, weil die Wissenschaft, die Medizin an ihrer Spitze, diese Häresie im Namen dieser Wissenschaft ausgebildet und gepriesen hat? Und welche Folgen hätten die Antworten auf unsere Fragen für Theologie und Kirche?

Die Bedeutung unserer Frage müßte zuvor an ihrer Reichweite gemessen werden. Es ist in der Tat wesentlich zu wissen, was alles durch Seele bewirkt werden kann. Zu unserem Unglück ist aber in der heutigen Wissenschaft kaum ein Tatsachenbereich so umstritten, auch so unerforscht, wie der, der die „Reichweite des Seelischen" betrifft. Wir können vielleicht zwei klärende Thesen an den Anfang dieser Erörterung setzen.

1. Es gibt sicherlich seelisch *unbeeinflußte* leibliche Prozesse; es gibt aber kaum solche Prozesse, die *unbeeinflußbar* sind.

2. Es gibt schwerlich eine andere Grenze seelischer Einflüsse als die, welche durch zwingende physikalische und chemische Gesetze gezogen ist. Der Erhaltungssatz z.B. kann nicht überspielt werden. Alles steht in einem energetischen Gleichgewicht, und Materie ist weder neu zu schaffen noch anders als in Energie zum Verschwinden zu bringen. Diese Forderung ist z.B. der Grund, warum die damals so spektakulären Ereignisse um Konnersreuth weder eine wissenschaftliche Erklärung zulassen noch von der Wissenschaft als theologisches Faktum akzeptiert werden können[1].

Es ist vielleicht einfacher, das wissenschaftlich Unmögliche vorab darzustellen, dessen Existenz also, sollte sie einmal tatsächlich nachgewiesen werden, als ein Wunder oder als die Eröffnung eines neuen naturwissenschaftlichen Tatsachenbereichs bezeichnet werden müßte.

Es ist wirklich so, daß diese Alternative – Wunder oder Änderung der wissenschaftlichen Theorie – immer existiert, daß also ein Wunder im Sinne der Naturwissenschaft grundsätzlich niemals geschehen könnte. Würde nämlich ein Naturvorgang beobachtet, der mit den bestehenden Naturgesetzen nicht erklärt werden kann, so müßte der Naturforscher ein neues, erweitertes Naturgesetz erfinden[2]. Die Unmöglichkeit eines Vorgangs ließe sich nicht einmal daran bestimmen, daß das neue Naturgesetz, das zur Erklärung des „wunderbaren" Vorgangs nötig wäre, bisherigen Naturgesetzen widerspricht, denn dieser Widerspruch ergibt sich in der Naturwissenschaft jedesmal, wenn etwas Neues entdeckt wird, das zur Revision bestehender Gesetze zwingt: diese bestehenden Gesetze werden aufgehoben.

Es kann m.E. nicht bestritten werden, daß in Lourdes und an anderen Orten der religiösen Erbauung Heilungen geschehen, welche in dieser Form im Erfahrungsgut der wissenschaftlichen Medizin nicht auftauchen. Sie zu bezweifeln, die Formulierung eines neuen Naturgesetzes zu fordern oder ein Wunder anzunehmen (dies sind die drei möglichen logischen Reaktionen auf solche Berichte), ist aber keineswegs nötig. Eine Durchsicht wohl dokumentierter Fälle[3] zeigt, daß sich solche Heilungen von „normalen“ biologischen Prozessen, wie sie also jeden Tag in der Medizin beobachtet werden, nur durch zwei Eigenschaften unterscheiden: Sie verlaufen in einer sonst nie erfahrbaren Geschwindigkeit ab; sie nehmen nicht immer den grundsätzlichen Verlauf, welcher der Erfahrung entspricht, auch wenn man von der hohen Geschwindigkeit absieht. Sie widersprechen aber nie einem der elementaren physikalischen Grundgesetze, z.B. dem Satz von der Erhaltung der Masse oder der Energie oder anderen Elementargesetzen, wie z.B. dem Gesetz der Schwerkraft. Eine verläßliche Dokumentation über sogenannte „Levitationen“ habe ich nie gesehen, wohl natürlich gelesen, daß Menschen selbst das Gefühl der eigenen Schwerelosigkeit haben oder gesehen zu haben glauben, wie sich andere Menschen scheinbar gegen die Erdschwere erhoben haben. Aber es gibt z.B. keine glaubhaften Photographien von solch einem Vorgang[4].

Mit diesen Ausführungen ist keineswegs eine Widerlegung theologischer Lehrmeinungen über die Wirklichkeit des Wunders erfolgt, denn hier hat sich auch die Theologie gewandelt und gibt dem Naturforscher keine unüberwindlichen Schwierigkeiten in der Annahme ihrer Lehrmeinungen auf[5]. Der moderne theologische Wunderbegriff aber führt uns geradewegs zur Klärung auch der sogenannten Wunderheilungen und damit zu unserem eigentlichen Thema. Wunder sind „Zeichen“ für den Gläubigen und für den, der durch das Zeichen zum Glauben geführt werden soll[6]. Die wunderbare Heilung entspricht dieser Definition in einem doppelten Sinn: Sie ereignet sich ihrer Entstehung nach durch den Glauben dessen, der geheilt wird, indem sein Glaube seinen Leib verändert; sie ereignet sich, theologisch gesehen, zu dem Ziel der Glaubensverkündigung und -bezeugung für die, welche Zeugen der Heilung sind.

Was der wunderbar erscheinenden Heilung recht ist, scheint uns der Einwirkung der Seele auf den Leib billig zu sein. Es wird in diesem Buch die These aufgestellt, daß es einen *aus gleichem Prinzip ableitbaren Heilungsprozeß gibt, der aus dem Geiste des Menschen stammt und durch den Geist Leibliches verändert.*

Dieser Prozeß ist ein (naturwissenschaftlich gesprochen) psycho-physiologischer Prozeß, der in seinen Grundphänomenen sogar der experimentellen Erforschung zugänglich ist.

Nun wäre unser Problem unvollständig beschrieben, wenn das Heilige sein Heil nur in den Körper des kranken Menschen ergösse. Seelisches ist ein allen menschlichen Funktionen innewohnender Faktor, und eine Darstellung der Hilfe, welche aus religiösen Quellen erzielbar ist, hat es mit allen Bereichen des menschlichen Lebens zu tun. Es ist sogar so, daß den Theologen bislang nur diese anderen Bereiche deutlich geworden sind. Das hat etwas mit der Vorherrschaft des auf Wissenserwerb ausgerichteten Bewußtseins in der Welt des Geistes zu tun. Was heißt das?

Als ich in meiner Jugend Philosophie studierte, lag der Nachdruck der Lehre ganz auf dem Teilgebiet von Logik und Erkenntnistheorie. Der menschliche Geist wurde in erster (und oft in einziger) Linie als Mittel der „Weltorientierung" verstanden[7]. Das Nachdenken des Geisteswissenschaftlers war vom Problem des Erkennens und der Wahrheit so befangen, daß die existentielle Problematik der Psychophysiologie nicht an ihn herankam. Es entspricht dieser Grundhaltung, daß die Theologie in der Verkündigung wirksam werden wollte, die Ordnung des Lebens aber aus dem Auge verlor.

Nun dürfen wir natürlich nicht in den umgekehrten Fehler verfallen und Heil nur in Heilung sich verwirklichend auffassen. Das Heil, das hier zu untersuchen ist, ist von weitaus allgemeinerer Mächtigkeit. Es ist das ganze Leben des Menschen in individuellen und gesellschaftlichen Beziehungen von solchem Heil durchdrungen – oder entbehrt es, mit der Folge tiefgreifender Defekte. Wir mögen freilich von dieser Überlegung her dann die ordnende Kraft solchen Heils auch als die Quelle einer „Gesundheit der Gesellschaft" betrachten, so wie *Wilhelm Kütemeyer* einmal von der fehlenden Gesundheit, nämlich der „Krankheit Europas", gesprochen hat[8] als der Unordnung, die aus dem zeitgenössischen Unheil, vor allem des Nationalsozialismus, floß. Wir beginnen dennoch mit der medizinischen Seite des Problems, die ungewohnt ist, werden aber auch in der anderen einige überraschende Gesichtspunkte entdecken.

Religion als Voraussetzung zu stabiler seelischer Gesundheit – das ist eine These, die *Christa Meves*[9] in einem Symposium „Medizin und Theologie" vertrat. Diese These könnte der Parallelisierung der beiden Begriffe Heilen und Heil entsprechen. Es soll nun unser Anliegen sein, diese Thematik aus Theologismen, Einseitigkeiten, Postulaten und Ideologie herauszuführen und in unserer Überlegung das helle Licht der Wissenschaft scheinen zu lassen. Doch wird sogleich der Verdacht entstehen, daß ich vom hellen Licht der Wissenschaft in physiologischem Hintersinn spreche und eigentlich nur das helle Licht der Naturwissenschaft meine. Der Leser sei also auf der Hut. Es spricht in der Tat ein Naturwissenschaftler, der freilich begriffen hat, daß Naturwissenschaft Grenzen hat, über die hinaus sie ins Leere stößt. Ich bekenne also zuvor, was ich mit dem Begriff „Wissenschaft" im Sinn habe. Unsere Überlegungen sollen *methodisch* fundiert sein. Methode aber ist hier im griechischen Wortsinn verstanden: Der Weg, wie wir zu unserem Wissen kommen, muß klar sein. Das aber setzt eigentlich nur die Beantwortung immer der gleichen Frage voraus, die angesichts jeder Aussage zu stellen wäre: Woher wissen wir das, was wir behaupten? Diese Frage, dem Theologen gestellt, löst meist einige Verlegenheit aus. Er kann sich nicht auf das direkte göttliche Wort, die „Offenbarung", berufen, denn diese steht in den heiligen Texten nicht „in Gänsefüßchen". Sie ist nicht als solche markiert und von zeitbedingten, gewiß nicht das wahre Sein offenbarenden Legenden nicht unterschieden.

Es ist nun nicht mehr meine Aufgabe darzulegen, wieso *Theologie* eine Wissenschaft sein kann. Unsere Überlegung jedenfalls verspricht, der Frage nach dem „Woher" ihrer Formulierung nicht auszuweichen. Es versteht sich von selbst, daß nicht jeder Satz, der nun gesprochen wird, auf diesen methodischen Ansatz hin eigens geprüft wird. Uns geht es wie dem Politiker: wir tragen unser Grundgesetz der methodischen Zulänglichkeit nicht ständig unter dem Arm. Aber darauf angesprochen, hoffen wir, die Grundgesetz-Konformität unserer Aussage nachweisen zu können, die in der Regel aus dem allgemeinen Duktus der Argumente hervorleuchten wird.

Wer methodisch denkt, muß sich über die Semantik (Wortbedeutung) seiner Begriffe Rechenschaft geben. Was bedeuten uns heute die Worte Heilen und Heil? Sie stammen aus einer gemeinsamen indogermanischen Wurzel. Heil, als Adjektiv, heißt ganz, unversehrt, gesund, und wird, als Wunschform seines Inhaltes, zum Gruß. Heilig ist die Entsprechung dieses Wortes auf der possessiven Ebene: ein Gegenstand ist ganz und ohne Abstriche Eigentum eines Dritten. Dieser Dritte ist Gott: das Heilige ist ganz und gar sein eigen.

Wenn wir etwas Gott als Eigentum zuschreiben, so nimmt dieser Gegenstand am Glanze des Gottes-Begriffs teil. Was sind also die Bestimmungsstücke Gottes? Eine Untersuchung, die ich vor Jahren anstellte, ging zur Klärung dieser Frage den methodischen Weg, die Epitheta ornantia Gottes, seine sprachliche Wesensbestimmung, aus landläufigen Dogmatiken zusammenzustellen und nach Kategorien zu ordnen[10]. Es zeigte sich, daß Gott in der verbreitetsten Kategorie in Negativbegriffen definiert ist: Er ist all das nicht, was wir Menschen sind: er ist unsichtbar, unerklärlich, unverstehbar, unerkennbar: Er ist also nicht mit der Welt der Erfahrung zu deuten. Wird er „erfahren", so jedenfalls auf eine völlig andere Weise als die Dinge dieser Welt.

Die zweite Gruppe der Definitionen betrifft Extrapolationen des Menschlichen ins Extreme: Allmacht, Allwissenheit, Allgütigkeit. Und endlich finden wir die Eigenschaften, die uns im Sozialleben unerläßlich scheinen: die sozialen Wunschbilder der Väterlichkeit, der Liebe, der Geborgenheit, der Wahrheit.

Wenn „Heil" und „Heilen" an diesem „Heiligen" Anteil haben sollen, so müßte also bewiesen werden, daß Gesundheit aus Eigenschaften fließt, die mit dem so definierten Göttlichen zu tun haben. Ist Gott für das menschliche Denken so etwas wie die Extrapolation des Menschen ins Extreme, Absolute, und zwar unter Betonung nur einiger (eben der guten) menschlichen Eigenschaften, so sollten diese göttlichen Eigenschaften zugleich auch das medizinische Heil des Menschen in dem

Maße garantieren, in dem er das Absolute relativ in sich selber realisiert.

In dem Maße, wie uns das Göttliche in der Extrapolation des Menschlichen erscheint, wird die Gemeinschaft der Menschen (der Gläubigen!) der Träger der *Einsehbarkeit* des Göttlichen und seiner formalen Erfassung und Definition. Von hierher erhält die Kirche als Struktur der Gemeinschaft ihre theologisch und medizinisch definierbare Bedeutung.

Das aber heißt, daß der Arzt, der über dem leiblichen (und seelischen) Heil des Menschen zu wachen hat, immer auch mit der Gemeinschaft der Menschen, mit ihren gesellschaftlichen Strukturen, zu tun haben muß. Denn diese Strukturen sind offenbar einer der Träger, Vermittler und Verwalter jener heiligen, heilenden Kräfte. Heil ist nicht ohne Gemeinschaft denkbar. Das Unheil schlechthin erscheint uns in der Einsamkeit, bis hin zu jener seltsamen Erscheinung, welche man die „einsame Masse" genannt hat[11].

Wenn wir dann gleich erfahren werden, daß neben der Einsamkeit der Egoismus der Menschen der pathogene Faktor schlechthin der Gesellschaft ist, wird uns die Rolle deutlicher, welche von Religion und Kirche zu spielen ist.

3.3 Das Heil der klassischen Theologie

Göttliches ist ein ins Extreme projiziertes Bild des Menschen, das eine Gesellschaft sich als Ideal geformt hat. Diese Maxime mag einseitig sein, nicht für alle Religionen gleich gut gelten. Es scheint mir aber sicher, daß sie mindestens für das Christentum in einem erstaunlichen Ausmaß gilt. In diesem Urteil haben mich meine theologischen Studien seit Jahrzehnten bestärkt. Das Christentum ist die anthropologisch orientierte Religion schlechthin, allein schon dadurch, daß sie den Gottmenschen Jesus Christus in ihren Mittelpunkt gestellt hat. Sie ist zudem, nach biblischem Zeugnis ebenso wie nach ihrer kirchlichen Ausformung, eine gesellschaftlich orientierte Religion – wo ihre Mitglieder versammelt sind, da ist Christus (wie er selbst verheißen hat) mitten unter ihnen.

Es ist nun eine bekannte Tatsache, daß in religiösen Vorschriften gesundheitliche Rezepte enthalten sind, die sich offenbar aus der Erfahrung langer Jahrhunderte herausgebildet haben. Ernährungsriten, koscheres (d.h. trichinenfreies) Fleisch, Fasten, Verfemung des Alkohols, Waschungen, Inzest-Regeln und Tabuformen im familiären und sexuellen Bereich sind Beispiele, die jedem geläufig sind. Man könnte also unser Thema mit der banalen Feststellung als erschöpft ansehen, daß die Menschheit gesundheitliche Rezepte in die Form religiöser Vorschriften gehüllt hat, und daß aus diesem Grunde die Religion auch heute noch eine Rolle spielen sollte. Es wäre schön, wenn die Probleme so einfach lägen. Das aber tun sie leider nicht.

Der wesentlichste Grund, aus dem heraus die Probleme heute so wenig hoffnungsvoll erscheinen, ist zunächst, aber sicher nicht zur Hauptsache, die Abneigung der Menschen, Kirche und kirchliche Vorschriften ernstzunehmen. Man wird einer Zeit, die an der Kirche vorbeilebt und die zudem kein Gesundheitsbewußtsein hat, schwerlich ein *religiös* motiviertes Gesundheitsverhalten einreden können. Der entscheidende Einwand aber liegt in der Struktur der kirchlichen Verkündigung selbst. Wer etwa die so umfangreiche und alle Lebensbereiche betreffende Dokumentation des II. Vatikanischen Konzils oder der „gemeinsamen Synode“ durchsieht, der entdeckt überhaupt nur spärliche Textstellen, an denen von Krankheit oder Gesundheit geredet wird[12]. Der Kranke ist das Objekt der Caritas, und Krankheit erscheint im Synoden-Text nur als Entschuldigung für den sonntäglichen Kirchenbesuch. Die Kirche denkt in Sachen Gesundheit traditionell, im Geiste der klassischen Medizin, die, ebenso wie die Kirche, Krankheit als „Schicksal“ ansah, das dem Menschen nach unerfindlichen Gesetzen auferlegt wird. Das Denken der Medizin, das bis in die Gegenwart nicht auf letzte Krankheitsursachen, sondern nur auf pathogenetische Schritte in der Entwicklung der Krankheiten gerichtet war, dies Denken spiegelt sich im kirchlichen Raum in Form der ausschließlich *helfenden* Aktion bei Krankheit wider. Sünde – so die Konzilsakten (Liturgie 109[b]) – hat soziale Folgen, von der Krankheit wird aber nichts gesagt. Kirche und Glauben werden geisteswissenschaftlich verstanden, gegen zeitgenössische Ideologien abgegrenzt. Das von der Kirche vermittelte „Heil" ist ein geistliches Heil, das Heil der Seele. Wenn Wunder diskutiert werden, z. B. in sehr fortschrittlicher Form bei *Hans Küng* (s. Anm. 6), so an Hand der ärgerlichen Form der Krankenheilung: Ist Christus ein „Heilpraktiker", so fragt Küng und weist auf die Praxis der Christian Science hin, die ja unserem Problem sehr viel näher steht als das kirchliche Christentum. Auch bei der Christian Science, in der unmittelbaren Ausdeutung der gesundheitlichen Relevanz der christlichen Botschaft, steht aber das Heilen als Zeichen des Heils im Vordergrund, ein Akt der psychischen Überwältigung des Körperlichen, und ist also ganz im Stil der klassischen Neurosenlehre verstanden. Auch *W. von Siebenthals* erst 1950 geschriebenes Büchlein „Krankheit als Folge der Sünde" zeigt diesen traditionellen Rahmen auf[13].

Gegen solche verengte Sicht einer Heilsbotschaft der Kirche war es leicht, massive Argumente aufzubringen. Die Frage, ob denn die Heiligen gesund waren, fördert mißliche Antworten zutage. Die Zahl der Gestörten und Neurotiker unter ihnen war groß. Die „ekklesiogene Neurose", die *Christa Meves* (s. Anm. 9) als eine realitätsgerechte Diagnose der Psychoanalytiker ansieht, diese Neurose ist überall entdeckbar, wo man es mit extremer Frömmigkeit zu tun hat.

Man mag zugeben, daß es sich hier um eine vorwiegend sexuelle Neurose handelt, aber das ist wohl nur eine Folge der übertriebenen Sexualtabus des bürgerlichen Zeitalters. Andere Jahrhunderte haben andere ekklesiogene Neurosen erzeugt, und die These von der obligaten Gesundheit dessen, der nur einfach fromm ist, ist kaum haltbar. Auch die Frömmigkeit bedarf einer gesunden Form, in der allein sie das „Heil" garantiert. Wenn also das Thema „Religion und Neurose"[14] abgehandelt wird, so sollte man ruhig auch diese ekklesiogene Neurose beim Namen nennen. Sie war die Folge einer Verengung des kirchlichen Problembewußtseins, die immer noch nicht völlig überwunden ist.

Die Verengung ist freilich von typisch zeitgenössischer Struktur. Ich besitze keine Kenntnis der mittelalterlichen Theologie, die mich befähigen würde, hier Genaueres zu zitieren. *Heinrich Schipperges* hat aber soeben eine vorzügliche Darstellung gegeben, an die ich mich halten darf[15]. *Hildegard von Bingen*[16] ist uns allen ein Begriff. In ihren Schriften behandelt sie die Natur des Menschen und die Stellung des Menschen im Kosmos (wie es *Max Scheler*[17] Jahrhunderte später formuliert hat), alles in einem Geiste, der die Natur als solche und aus ihren eigenen Gesetzen zu ergründen sucht. Natürlich kommt auch sie an keinem Punkt zu einem heute noch akzeptablen Konzept der Krankheit. Die damalige Welt war in spekulativen Ideen befangen, und es ermangelte ihr jeder Bezug auf Tatsachen, ein Bezug, der bekanntlich erst aus der englischen Pragmatik eines *Francis Bacon,* aus der experimentellen Grundhaltung des *Descartes* und mit erfolgreicher Praxis erst aus der Physiologie des *William Harvey* entsprang, um wenige Namen stellvertretend zu nennen. Man wird also die spekulative, noch keineswegs auf Krankheitsursachen ausgerichtete anthropologische Theologie der heiligen *Hildegard* kaum als Mangel anlasten können. Die Frage aber, warum wohl eine so in der Religion beheimatete Frau und Äbtissin so detaillierte naturwissenschaftliche Betrachtungen anstellte, sollte uns zu einer mutigen Antwort führen. Der damaligen Theologie war der Mensch ein Wesen aus Leib und Seele. *Hildegard* läßt (im Liber Vitae Meritorum, II, 45) die Seelen der Heiligen sich ihren Körper zurückwünschen. „Wenn aber Leib und Seele verbunden sein werden, dann enthüllt Gott sein Angesicht", so sagt sie: nur der Leib kann Gott erblicken. Das Heilige ist zugleich Leibliches. Solche Theologie ist in der Ära einer in der idealistischen Philosophie der Griechen geschulten Moderne nicht mehr gängig. Erst neuerdings wagen sich Stimmen hervor, welche von der „Heilkraft des Heiligen" sprechen. *Eugen Biser* hat das Heil als Heilung dann in glänzenden Beispielen aus der Geschichte der Philosophie belegt, einer Philosophie, die gegen den idealistischen und erkenntnis-theoretischen, kurz den einseitig geisteswissenschaftlichen, Strom schwamm. *Boethius* mit seinen Tröstungen der Philosophie war ein grandioser Anfang, nachdem *Aristoteles* in seiner Universalität vergessen war.

Die medizinische Theologie, die sich nun in unseren Tagen

zu entwickeln beginnt, und einer deren markantesten Vertreter neben *Eugen Biser Dietrich Stollberg* ist, sieht denn auch das Problem in seinem ganzen Umfang[18]. Es ist in ihr nicht mehr die Frage der christlichen „caritas", nicht mehr die Heilung im Sinne des „Jesus als Heilpraktiker" der wesentliche Punkt. Vielmehr tritt diese Theologie in der Hoffnung auf, sie könne Krankheit, im Verein mit dem Arzt, in ihren Ursachen bekämpfen, sie könne über das Leibliche hinweg die Seele ebenso erreichen, wie sie über die Seele hinweg das Leibliche erreichen kann. Diese Theologie beginnt also, im strengen Sinn des Begriffs „psychosomatisch" zu denken.

Es scheint in der Tat, daß (wie ein kirchlicher Therapeut aus der Region der Außenseiter[19] schreibt) die Kirche „ihren Heilungsauftrag neu entdeckt". Es gibt hie und da im Ausland „Heilungsgottesdienste", in denen Ungewöhnliches geschieht, und zwar in evangelischen Kirchen[20]. Die katholische Kirche hatte Lourdes, eine viel gepriesene und ebensoviel gelästerte Heilungsstätte, niemals verleugnet, nachdem sie zögernd erst 1862 die ersten „Wunderheilungen" anerkannte. Kein Geringerer als der Nobelpreisträger *Alexis Carrel*[21], Physiologe wie ich auch, hat davon und von seiner persönlichen Erschütterung ein Zeugnis abgelegt.

Dennoch sind Heilungen aus dem Glauben, die uns heute im Zeitalter fortgeschrittener Psychophysiologie nicht einmal mehr naturwissenschaftliche Probleme bieten, nicht das Ganze dieses Problemkreises einer therapeutischen Theologie, die ihre Therapie (ihren Dienst, wie es das Wort Therapie meint) keinesfalls nur theologisch, sondern auch medizinisch versteht. Es gibt nur wenige Ansätze, die das *kat holón*, das Umfassende solcher medizinischen Theologie, in den Blick fassen. An prominenter Literatur ist mir nur *Küngs* großartiges Kapitel „Grundmißtrauen oder Grundvertrauen?" in seinem Buch „Existiert Gott?" bekanntgeworden. Hier wird darauf verwiesen, daß sich in der frühen Kindheit, im wesentlichen in den ersten drei Jahren, die Fähigkeit des Vertrauens herstellt. In der Tat: die „psychische Geburt" des Menschen, wie es *Margret Mahler* und ihre Mitautoren nennen, ist ein Akt, der in seiner Physiologie, Psychologie und Pathologie erst seit einigen Jahren leidlich einsehbar geworden ist[22]. Die Deutsche Liga für das Kind in Familie und Gesellschaft nimmt sich des Problems jetzt an[23]. Dies Problem hat eine handfeste familienphysiologische, aber auch eine religiöse Komponente: Vertrauen ist eine Haltung, welche einen vertrauenswürdigen Glaubensinhalt voraussetzt, der das Individuum nicht enttäuscht. Die Eltern sind die ersten Vermittler solchen Ur- oder Grundvertrauens, aber der religiöse Hintergrund des Vertrauens ist, sobald das Elternhaus verlassen wird, unabdingbar. Die jungen Menschen, welche in den Praxen der transzendentalen Meditation ihr Heil suchen und auch meistens finden, finden es nicht allein durch Meditation, vielleicht nicht einmal unter wesentlicher Hilfe derselben. Es ist der Zauber der Gemeinschaft, der sie umfängt und sicher macht, das Vertrauen, das sie in diese Gemeinschaft setzen können und das ihnen, wenn sie seelisch erkranken, Heilung schenkt. Religiöser Glaube hat eine weit umfassendere Bedeutung als nur die eines Helfers, der in Konkurrenz zur Praxis der Psychotherapie tritt oder gar nur als Plazebo wirkt. Aber dieses Problem läßt sich nicht ohne einen Blick auf die moderne Medizintheorie verständlich machen.

3.4 Die neue Krankheitslehre

Es bedarf also eines Einstiegs in sozialmedizinische Gedankengänge, die auch innerhalb der Medizin immer noch relativ neu scheinen. (Eine umfassende Darstellung bei *Hans Schaefer*[24].)

Beginnen wir mit dem Einstieg in die moderne Theorie der Krankheitsentstehung. Um es zunächst theologisch auszudrükken: die Quellen des Unheils, der Krankheit nämlich, sind uns heute im Prinzip bekannt. Die ersten Ursachen, die Ätiologien, der Krankheiten lassen sich in nur zwei Klassen einordnen: erbbedingte und umweltbedingte Ätiologien. Das ist eine simple, logische Forderung, die wir oben bereits aufgestellt hatten. Lassen wir die erbbedingten Krankheiten zunächst beiseite, so wichtig sie auch sind. Die Umwelt als Lieferant von Krankheits-Ursachen läßt nicht viele Möglichkeiten offen. Die physische Umwelt mit ihren Naturkatastrophen, so wichtig sie für den Untergang z. B. der Dinosaurier und vielleicht überhaupt vieler Arten am Ende der Kreidezeit war (ein Meteorit könnte sie, wie man soeben annahm, vernichtet haben): für unsere derzeitigen Krankheitskatastrophen spielt diese physische Umwelt nur eine relativ geringe Rolle. Als Lieferant der Krankheitsursachen kommt vielmehr nur die gesellschaftliche Umwelt in Frage, vorwiegend durch vier Kategorien von Einflußfaktoren: durch Prägung der Verhaltensnormen (Sitten), durch Technik mit ihrer Denaturierung der Umwelt, durch Auslösung psychosozialer, vorwiegend emotionaler Reaktionen und durch die Prägung der Persönlichkeit. Mit Hilfe dieser vier Gruppen entstehen die Prozesse, die in einer langen Abfolge von Zwischenstufen, in einer „Hierarchie der Risikofaktoren“ (*Hans Schaefer,* 1976), endlich jene letzten, krankmachenden und todbringenden Risiken entwickeln, welche die klassische Medizin erarbeitet hat. Im Detail fehlt uns natürlich manche Einsicht, insgesamt ist uns nur ein kleiner Prozentsatz aller Risikoabläufe bekannt. Wir kennen aber nun das Prinzip. Wir wußten, seit den amerikanischen epidemiologischen Studien in Framingham und Tecumseh, daß es meßbare Faktoren gibt, mit denen unsere Lebenserwartung eng korreliert. Für den Infarkt sind es z. B. Blutfette, Blutzucker, Blutdruck und Rauchen als wichtigste Risikofaktoren. Woher aber stammen sie? Sie können nicht spontan entstanden sein. Sie haben mit Sicherheit ihre zureichenden Gründe. Diese Gründe können letztlich nur in einer der vier gesellschaftlichen Risikokategorien gelegen sein, die wir soeben kennenlernten.

Eine der wichtigsten Ätiologien ist die (als emotionale Reaktion auf die gesellschaftliche Situation zu verstehende) Sinnentleerung und Hoffnungslosigkeit, zum großen Teil bedingt durch die Selbstentfremdung des modernen Menschen, sein „Selbstzerwürfnis“, das seinen vielleicht größten „Notstand“ bedingt. Die Gesellschaft *„defunktionalisiert“* den Menschen, um so mehr, je mehr er selbst in die Hilflosigkeit soziale Erniedrigung und „Asozialität“ abgeglitten ist. Hier liegt also der vermutlich wesentlichste Ansatzpunkt einer theologisch orientierten Medizin und einer medizinisch orientierten Theologie.

Dieser Ansatzpunkt hat zwei fundamentale, zugleich medizinisch und theologisch bedeutsame Aspekte:

den präventiven Aspekt, der besagt, daß die „Gemeinschaft der Heiligen“ keine Asozialität entstehen läßt, vielmehr den Menschen in seiner Not in der Gemeinschaft auffängt;

den therapeutischen Aspekt, die in der Asozialität zutage tretenden Sünden der Gesellschaft zu reparieren, so gut es geht; und es geht besser, als die meisten Menschen meinen, freilich nur mit sehr radikalen Methoden.

3.5 Der Weg zu einer medizinischen Anthropologie

Mit dieser ätiologischen Theorie, die, wo immer sie prüfbar wurde, sich bestätigt hat, muß es gelingen, den theologischen Fragenkomplex, den wir eingangs skizziert haben, nun in einem exakteren Licht zu sehen. Wir müssen dabei vielleicht *Hans Küngs*[25] Kritik abwehren, daß die naturwissenschaftliche Methode eben nur zur Darlegung naturwissenschaftlicher Konzepte tauge und selbst dabei noch ihre Grenzen aufweise. Natürlich betreibt die Theologie ihr Handwerk mit spezifischen Methoden, die dem Gegenstand angepaßt sind. Unser Gegenstand, die Krankheit, verlangt aber die Methoden, nach denen wir hier vorgehen. Wenn dabei zugleich theologische Dimensionen sichtbar werden, so ist das keine Grenzüberschreitung der Krankheitslehre, sondern ein Zeichen dafür, daß Medizin ebenso wie Theologie den *Menschen* betrifft und bei seiner Analyse sich die Wissenschaften begegnen. Wir betreiben also eine besondere Art Anthropologie, die im Kern keineswegs neu ist, sich in den anthropologischen Ansätzen der Schule *Victor von Weizsäckers* schon vor Jahrzehnten bildete und wohl am weitesten von *W. Kütemeyer* vorwärtsgetrieben wurde[26].

Greifen wir unsere ätiologische Argumentation noch einmal auf. Wir können für die großen Volkskrankheiten zum Teil nachweisen, zum Teil (wie beim Krebs) nur erahnen, daß die Entartung menschlichen Verhaltens die wesentlichsten Faktoren für die Entwicklung von Krankheit stellt. Die menschlichen Gene sind an Stoffwechsel-Gleichgewichte angepaßt, welche jede Form des Luxuskonsums mit Abnormität leiblicher Prozesse beantworten. Vom Diabetes ebenso wie von der Hypercholesterinämie ist zu vermuten (für den Diabetes bereits wahrscheinlich gemacht), daß bei nicht allein genetisch bedingter Abnormität jahrelange Fehlernährung zur Entwicklung der einschlägigen Risikofaktoren führt. Körperliche Untätigkeit beraubt uns wesentlicher chemischer Stoffe, welche Heilwirkungen entfalten. Drücken wir dasselbe in moralischen Kategorien aus, so erzeugen Unmäßigkeit im Essen und Trinken und Faulheit Krankheit. Wenn also die Religionen schon früher Normen im Eß- und Trinkverhalten aufstellten und uns zu gewissenhaftem Fleiß anhielten, so trieben sie damit eine ätiologisch klare, wissenschaftliche fundierbare präventive Medizin.

Nun ist der Luxuskonsum der leiblichen Genüsse bekanntlich nicht einmal die schlimmste Seite dieses Problems. Die Entartung der Sitten unserer modernen Gesellschaft greift weit in alle Fragen des Alltags hinein, gerade auch in medizinischer Hinsicht. Unter den Krankheitsursachen wird z. B. immer häufiger der Streß genannt. So unklar dieser Begriff auch ist, er enthält einen harten Kern, der als eine Überfunktion des Sympathikus bezeichnet werden kann. Dieser Sympathikus hat etwas mit ergotropen, nach außen gerichteten, gesellschaftlichen Funktionen zu tun. Er steht, um es mit *Erich Fromm*[27] zu formulieren, auf der Seite des Habens und nicht des Seins, also auf der Seite der Unruhe und des Risikos. Er kennzeichnet die Grundeinstellung des Wollens. Er ist derjenige Nerv, der bei Willensanstrengungen aktiv wird, der den Machthaber in seinem Verhalten bestimmt, die Geisteshaltung des Terroristen mit verursacht. Er ist so etwas wie ein der Liebe entgegengesetztes Wirkprinzip, er beherrscht insbesondere alle körperlichen Begleiterscheinungen der Aggression.

Es ist selbstverständlich, daß das aus christlicher, ja, aus jeder religiösen Tradition herausfallende Verhalten unserer Gesellschaft zugleich ein solches ist, welches die christlichen Tugenden nicht mehr ernst nimmt. Zählen wir, nur um uns die Weite des Problems zu vergegenwärtigen, die in unserem Zusammenhang wesentlichen christlichen Tugenden auf: Unter den vier Kardinaltugenden, Klugheit, Gerechtigkeit, Tapferkeit und Mäßigkeit, ist es nur die letzte, die uns im Rahmen unseres Themas entscheidend angeht; die Tapferkeit freilich macht uns einige Schwierigkeiten, denn sie ist (oder kann sein) eine sehr leistungsbezogene, von der Tätigkeit des Sympathikus beherrschte Tugend, und sie wird zu einer auch biologischen Wohltat erst dann, wenn Tapferkeit als Gelassenheit im Streit, als souveräne Menschlichkeit, mithin als Zivilcourage, verstanden wird. Einsicht und Weisheit als die sogenannten Verstandestugenden sind dagegen völlig in unser Konzept einzuordnen, da sie es dem Individuum ermöglichen, mit einem Minimum an Affekt die unvermeidlichen Lebenskonflikte zu bestehen. Glaube, Hoffnung und Liebe aber, als die klassischen sogenannten übernatürlichen Tugenden, offenbaren sich uns vor dem Hintergrund einer medizinischen Theologie als die Ingredienzen schlechthin eines Lebens ohne Streß. Die Demut und Ergebung endlich sind die Haltungen, die das Gegenteil der Aggression sind, auch hinsichtlich der Tätigkeit des Sympathikus-Nerven.

Die Psychopathologie versichert uns endlich seit langem, daß die existentielle Angst ein seelisches Grundphänomen unserer Zeit ist[28]. Von der Angst aber lehrt uns die Pathophysiologie, was auch ihr Name besagt, daß sie uns das Gefühl der Enge, die Angina pectoris, erzeugt. Im Tierversuch sind wir der Angst sehr viel besser auf die Spur gekommen. Am australischen Baumhörnchen, den Tupajas, haben die Verhaltensforscher gefunden, daß Angst, leicht ablesbar am Sträuben der Schwanzhaare, einen von der Niere ausgehenden Kollaps verursacht, den wir oben bereits geschildert haben[29]. Wieweit es derartige von der Niere ausgehende psychogene Todesfälle auch beim Menschen gibt, ist nicht bekannt. Daß der psychogene Tod vorkommt, haben wir schon erwähnt[30]. Wie immer er entstehen mag, es spielt Angst, und damit der Sympathikus, eine verhängnisvolle Rolle dabei. Angst aber ist, wenn wir *Martin Heidegger*[31] folgen wollen, eine Grundbefindlichkeit des Seins, ist die Folge des „Ausgesetztseins“, der Verlassenheit, dessen also, was durch Glauben an den Schutz Gottes vermieden werden kann und vor dem uns die Einbettung in eine Gesellschaft schützt, der wir uns anvertrauen können.

Glaube, darin dürfen wir *Küng* (s. Anm. 25) folgen, ist die Grundlegung des Grundvertrauens, das auch in der psychischen Geburt sich als so wichtig erwies. Glaube wird uns letztlich durch den gesellschaftlichen Prozeß der Einführung in die Gemeinde vermittelt und wird unmöglich, wenn die Fähigkeit zum Grundvertrauen nicht in einer normalen „psychischen Geburt“ des Menschen gelegt wird.

Von der Angst darf gesagt werden, daß sie gewiß nicht, wie *Heidegger* offenbar annimmt, eine für die seelische Existenz des Menschen unvermeidbare Belastung ist. Der Argumentation *Martin Heideggers* vermag der Physiologe ohnehin nicht zu folgen. Sie ist zu abstrakt und spekulativ, um ihn sonderlich zu beeindrucken. Sie mag aber, im Sinne von *Karl Jaspers'* „Psychologie der Weltanschauungen“[32], ein Ausdruck der seelischen Grundverfaßtheit des Autors *Martin Heidegger* sein, und insofern könnte seine Aussage auf sehr viele zeitgenössische Menschen zutreffen. Die Neigung zur Angst ist freilich ein angeborenes Reaktionsmuster. Sie wird vermutlich um so weniger faktische Angst erzeugen, je sicherer sich das Individuum in den Schoß einer Gemeinschaft eingebettet weiß. Insofern käme der Gemeinde in ihrer sorgenden Haltung, von der wir noch reden werden, eine prinzipielle Schutzfunktion zu. Die enorme Bedeutung der Angst heutzutage, als pathogenetisches Prinzip, wäre dann der Ausdruck des Zusammenbruchs dieser letztlich religiös zu verstehenden Geborgenheit. Es mag sein, daß sich in dieser allgemeinen Welle der Angst ein wesentlicher Grund für die so rasende Zunahme des Herzinfarktes findet[33].

Hoffnung als Heilkraft hat uns bereits beschäftigt: Von den durchaus profanen „Wunderheilungen“ des Hamburger Chirurgen *H. Rehder* haben wir eingangs in Kapitel 1 berichtet. Hoffnung mag bei objektiver Hoffnungslosigkeit wenigstens die Kraft zu einem Sterben ohne Protest verleihen, wie es *H. Plügge*[34] beschreibt. Das Problem Hoffnung wird uns im letzten Kapitel dieses Buches ausführlich begegnen. Hoffnung ist vorwiegend, wie es scheint, ein Aktivator der Tätigkeit jenes lebenserhaltenden Nervus sympathicus.

Das aber heißt: diejenigen Funktionen von Nerven und Hormonen, deren Versagen Krankheit und Tod bedeutet, werden verstärkt. Die Liebe aber, das wußte schon der Arzt *Paracelsus*, heilt alles, überwindet alles und hilft dazu, alles menschliche Verhalten in die medizinisch richtige Bahn zu lenken, und zwar sicher größtenteils dadurch, daß Liebe eine den Sympathikus wenig aktivierende, ihn eher hemmende Emotion zu sein scheint.

Nun handeln wir, wenn wir gesundheitswidrig handeln, durchaus in Übereinstimmung mit gesellschaftlichen Sitten. Das lehrt uns ein Blick auf das Phänomen des Zigarettenrauchens. Ist also der Abfall von den christlichen Tugenden Sünde, so ist diese Sünde eine gesamtgesellschaftliche Sünde, und das Heil, das aus der Praktizierung der Tugenden fließt, ist ein gesellschaftliches Heil. Das ist im übrigen orthodoxe Theologie, da Gott uns in der Gemeinde nahekommt und der einzelne keine Religion in sich ohne gesellschaftliche Hilfe entwickeln kann. Erziehung, Tradition, allgemeiner Konsens sind die Pfeiler der Religiosität.

Heilen ist freilich immer ein individueller Prozeß, denn dieser Prozeß der Heilung erfolgt am einzelnen Menschen. Krankheit ist ein individuelles Problem. Eine Gesellschaft läßt sich als „krank" nicht eindeutig definieren, was man gerade an *W. Kütemeyers* abweichender Meinung in seinem Buch von der „Krankheit Europas" zeigen könnte. Die Lösung dieses Widerspruchs: der einzelne muß die Konzepte des Heils, die aus dem Heiligen fließen, als einzelner befolgen. Tut er das nicht, so ist seine Sünde und seine Krankheit die Konsequenz für ihn. Er muß aber zu solcher Heiligkeit durch gesellschaftliche Normen hingeführt werden. Je duldsamer die Gesellschaft handelt, je leichtfertiger sie solche Handlungen entschuldigt, desto geringer ist die Chance der Gesundheit für die in dieser Gesellschaft lebenden Individuen. In einer solchen Gesellschaft ist die Krankheit ihrer Individuen vorprogrammiert.

Fassen wir zusammen und ergänzen zugleich, was uns als medizinische Problematik der Theologie deutlich geworden ist.

Gesundheitsgerechtes Verhalten ist immer ein Verhalten, das christliche Tugenden, wenn auch ungewollt, praktiziert: Mäßigkeit, Liebe, Demut, Entsagung, Fleiß sind Haltungen, welche die Risikofaktoren senken und den sozialen Streß abbauen. Es sind Haltungen, die (physiologisch gesprochen) anti-sympathicoton sind, den Sympathikus dämpfen. Darüber hinaus aber bedarf das Individuum der Sicherung, die seine Angst beseitigt. Das Risiko der Ungewißheit, der „insecuritas humana", wie es *Peter Wust* nannte, faßbar im Weinen des verlassenen Säuglings, im Angstschrei des von der Mutter getrennten Tieres, diese Ungewißheit kann dem erwachsenen Menschen nur durch die Sicherung der Gemeinschaft gegeben werden. Die Gemeinschaft ist die Quelle unserer Kraft, wenn diese Gemeinde in sich die seelischen Voraussetzungen der Nächstenliebe entwickelt hat. Der Mensch ist in der Tat das „Gesellschaftstier" (das Zoon politikon), wie ihn *Aristoteles* nennt.

Gemeinde und Kirche, soweit sie Gemeinde ist, bewirken also ein Doppeltes: sie normieren Verhalten so, daß es vor Krankheit schützt; sie bieten die Geborgenheit, die ein Leben ohne seelische Risiken ermöglicht. Die Kirche ist zugleich eine normative, das Handeln ordnende, und eine spirituelle, die Seele befriedende Institution. In *beiden* Eigenschaften ist sie zugleich Medizin und Theologie, Wohlfahrt und Ethos, Heilen und Heil. Das Heil der Seele ist vom Heilen des Leibes nicht zu trennen.

3.6 Das Heil ist reziprok

Unsere Überlegung ging bislang so vor, als ob das Individuum nur für sich selbst das Heil erlange und erwarte. Der Egoismus der Menschen wird nun in der Tat die Heilserwartung immer auf das eigene Heil beziehen. Wie wenig edelmütig diese Erwartung und das aus ihr fließende Handeln sein kann, ist im Neuen Testament im Gleichnis des Pharisäers gebrandmarkt worden.

Nun zeigt uns die moderne, epidemiologisch orientierte Medizin sehr klar, daß der Mensch auf gesundheitsgerechtes Verhalten hin immer in zweifacher Richtung gefordert ist: Er muß sein eigenes Verhalten hinsichtlich seiner eigenen Gesundheit unter Kontrolle haben. Die Lehre vom Streß und der Phänomenologie der Streßerkrankungen zeigt uns jedoch, daß in weitem Umfang der Mensch auch der Risikofaktor seines Mitmenschen ist. *R. H. Rahe*[35] hat eine Skala der risikoträchtigen Lebenserfahrungen aufgestellt, und in statistischen Erhebungen an großen Zahlen von Versuchspersonen ist sie weitgehend als brauchbar befunden worden, in zahlreichen Studien in aller Welt. Ein Blick auf diese Skala der „recent life experiences" (neuerlichen Lebenserfahrungen) zeigt, daß die Beziehungen zwischen Individuen als krankmachender Faktor sehr wesentlich sind. Rund ⅓ der als riskant angegebenen Ereignisse betreffen unmittelbar das Verhältnis zu dem „Nächsten", d.h. dem Mitmenschen, mit dem das Individuum unmittelbar Kontakt hat. Viele dieser Kontakte lösen Krankheit aus, sind „pathogen", ohne daß ein „Verschulden" auftritt, z.B. beim Tod eines Partners. Eine sehr große pathogene Wirkung geht aber vom Konflikt aus, und hier wird man, auch bei der menschlichen Geselligkeit, durchaus an die Phänomene beim Baumhörnchen Tupaia erinnert.

Diese Situation, die durch die statistische Forschung leidlich, durch die psychosomatische Klinik weit besser erkundet wurde, bringt also einen weiteren Aspekt in die Problematik von Heilen und Heil. Dieser Aspekt ist nicht im Prinzip neu. Die Sorge um das Dasein ist immer ein Grundproblem menschlicher Existenz gewesen, wobei wir erneut *Heidegger* zitieren mögen. „Die Sorge liegt als ursprüngliche Strukturganzheit existentialapriorisch ‚vor' jeder... faktischen ‚Verhaltung des Daseins'", so lautet die elementare Feststellung (*Martin Heidegger*, S. 193). Diese Sorge war immer ein Grundelement besonders des christlichen Verhaltens, freilich als Sorge um das leibliche Wohl des anderen und auf dessen Existenz gerichtet. Das hat uns wiederum *Schipperges* (s. Anm. 15) gezeigt. Die kurative (d.h. die nur auf Heilung gerichtete) Medizin hat aus diesem Sorge-Aspekt bis heute ihre spezifische Aufgabenstellung behalten. Sorge, cura, aber besagt mehr als nur das förmliche Behandeln des Kranken, also das, was als karitative Haltung unreflektiert die landläufige Theologie und Kirchenpolitik bestimmt. Diese cura setzt eigenes Engagement voraus und weitet sich durch die Soziopsychosomatik einer modernen Medizin zu einem Verhaltensprinzip aus, welches den Alltag völlig durchdringen sollte. Wir sind, in dieser Hinsicht, die Hüter der Gesundheit unseres Nächsten, indem wir alle von uns selbst ausgehenden emotionalen Risiken für unsere Mitmenschen unter unsere Kontrolle nehmen.

Dies ist also eine dritte Dimension des Heils, das in Heilen mündet, eine Dimension, die im Prinzip der christlichen Nächstenliebe zwar programmatisch von jeher verankert war, die aber nunmehr eine bis ins Detail des mitmenschlichen Umgangs reichende Konkretisierung erfährt. Es handelt sich nicht mehr um bloße abstrakte „Liebe", die sich den landläufigen Vorwurf gefallen lassen müßte, daß man ihre Forderung konkret schwer definieren kann[36]. Diese Liebe fordert von jedermann, daß er sein Verhalten als möglichen Risikofaktor für seinen Mitmenschen prüft, indem er die Verletzung des Selbstwertgefühls, die Forderung von Distreß in der Tätigkeit, die Erzeugung von Angst vor existentiellem Schaden und dergleichen mehr bei seinen Mitmenschen vermeidet. Hierzu könnte man exakte Kataloge ausarbeiten, welche z. B. das Konzept der Humanisierung des Arbeitslebens im gleichen Maße überschreiten wie die christliche Nächstenliebe das kommunistische Prinzip des Ausgleichs der irdischen Güterverteilung überschreiten würde. Leider wird aber gerade von der Kirche weder der eine noch der andere derartige Bezug auf unser tägliches Leben ernst genommen.

Die Liebe ist, wir hörten es schon, auch ein die Angst der Menschen beseitigender Faktor. Wenn die These vom Zoon politikon stimmt, und ich halte sie für eine der experimentell bestbegründeten anthropologischen Thesen, so ist Angst zunächst der emotionale Ausdruck der gesellschaftlichen Verlassenheit und Ächtung. In einer liebenden Gesellschaft kann beides nicht entstehen. Dieses Argument zeigt uns freilich, in wie hohem Maße die primäre christliche Tugend, die Nächstenliebe, die Praxis solcher liebenden Anteilnahme voraussetzt. Mit der Haltung des Liebenden, die rein kontemplativ bleibt, ist den Menschen nicht geholfen. Die Praxis der gesellschaftlichen Anteilnahme freilich ist zugleich Prävention und Therapie: sie verhindert das Unheil und beseitigt es, wo es ausbrach.

3.7 Die Kirche ist ohne anthropologische Vorbedingungen nicht möglich

Eine letzte Idee kehrt gleichsam die Zielrichtung unserer bisherigen Problematik um. Denn auch die Existenz der Kirche selbst, als einer Gemeinschaft der Gläubigen, ist nur möglich, wenn bestimmte anthropologische Vorbedingungen erfüllt sind.

Eine Kirche, als die von Individuen mit ihren jeweiligen Fähigkeiten geformte und in Funktion erhaltene Institution, bedarf zu ihrer Existenz solcher Mitglieder, welche ihrem Verhalten nach gemeinschaftsfähig sind. Wir nennen den Prozeß der Ausbildung dieser Gemeinschaftsfähigkeit Sozialisation. Eine jede Gesellschaft stellt an ihre Individuen bestimmte Anforderungen, welche von diesem Prozeß der Sozialisation erzeugt werden. Denn in jeder Gesellschaft, und also auch in der Kirche, bestehen Gesetze des Zusammenlebens, mit denen die Kirche eine Reihe unabdingbarer Leistungen von ihren Mitgliedern, d.h. ihren „Gläubigen“, erwartet. Nun weiß die Verhaltensforschung schon seit Jahrzehnten, daß zum Glauben eine „Glaubensfähigkeit“ gehört, die keinesfalls als „Gnade“ in die menschliche Seele fließt, sondern zu der diese menschliche Seele in einem gesellschaftlichen Prozeß herangebildet wird. Dieser Prozeß ist mit dem Begriff „Erziehung“ nur sehr einseitig und oberflächlich bezeichnet. Von theologischer Seite hat m.W. als erster *Küng* (s. Anm. 6) die entscheidende Eigenschaft erkannt, ohne welche kein Glaube entstehen kann: das Grundvertrauen. Denn glauben heißt „fürwahrhalten“ einer Botschaft, die man „hört“ (so *Knauer*, s. Anm. 6) und durch die Verkündigung sich zu eigen macht. Diese Aneignung eines zunächst fremden Gedankengutes setzt Vertrauen in den Überbringer der Botschaft, den „Angelos“ (wie es das Griechische nennt), voraus.

Grundvertrauen ist eine seelische Grundhaltung. Sie entsteht nach unseren derzeitigen Einsichten in diesen Prozeß dadurch, daß das Kind in den ersten drei Lebensjahren die Erfahrung einer konstanten, ihm Schutz gebenden Bezugsperson macht. Ohne diese Erfahrung bleibt das Kind ohne die Möglichkeit der Vertrauensbildung und ohne die Fähigkeit, sich an andere Menschen zu binden. Es entsteht keinerlei „Gesellschaftsfähigkeit“.

Wir nennen diesen Defekt „frühkindliche Deprivation“[37]. Es wird, durch den Mangel der Betreuung dieser Kleinstkinder, ihnen etwas entzogen, was ihnen zusteht. Dies meint der englische Begriff „deprivation“.

Es ist einleuchtend, daß eine Familie traditioneller Struktur der beste physiologische Garant für die Vermeidung der Deprivation ist. Es ist also auch einleuchtend, daß die Gefahr der Deprivation, also einer mangelhaften Gemeinschaftsfähigkeit, mit zunehmender Destruktion der Familie wächst. Schon wenn die Mutter sich nicht mehr ganztägig der Versorgung ihrer Kinder widmen kann, tritt diese Gefahr ein. Erst recht wird diese Gefahr mächtig, wenn die Familie zerfällt.

Es ist natürlich logisch korrekt, wenn man darauf hinweist, daß der Vater die Rolle der Bezugsperson ebenso gut übernehmen kann. Nur kann er die Mutter beim Stillen nicht ersetzen, und es besteht kein Zweifel, daß in den ersten sechs Monaten schon deshalb die Mutter die natürliche Bezugsperson ist. Selbst wenn der Vater nach dieser Zeit die Betreuungsrolle übernehmen will, bedeutet dieser Wechsel einen Abbruch intensiver Bindungen zwischen Mutter und Kind.

Wir wollen diese Problematik nicht weiter ausspinnen. Sie lehrt uns aber, daß eine gesellschaftliche Institution wie die Kirche an die Funktion von Strukturen gebunden ist, wenn sie selber normal funktionieren will, Strukturen, welche durch die Familie gewährleistet werden. Nicht ohne tiefen Sinn hat daher die Kirche von jeher, auch ohne daß die Theorie der Deprivation entwickelt war, der Familie einen sehr hohen Wert zuerkannt und in der „heiligen Familie“ modellmäßig vorgebildet. Die Menschwerdung Christi hat seine Mutter Maria in einem weit umfassenderen Sinn, als man in der Theologie bislang erkannt hat, zur Voraussetzung. Kirche, Religion, Familie und Gesellschaft bedingen sich wechselseitig in ihren Wirkungen. Das ist der Grund, warum die Kirchen es heute so schwer haben. In langsam sich verstärkenden Rückkopplungsprozessen hat sich eine Art generellen, gesellschaftlichen Un-Heils entwickelt, dessen Folgen an Kriminalität, Terror, Geistes- und Körperkrankheit abzulesen sind. Es würde dabei keine Rolle spielen, welche Form eine die Gesellschaft stabilisierende Theologie und Kirche annimmt. Mein eigener Eindruck ist freilich der, daß ein recht verstandenes Christentum durch seine anthropologische Grundposition (den Gott-Menschen Christus) besonders große funktionelle Chancen hat.

Die hier entwickelte Problematik weist uns also nachdrücklich darauf hin, daß kein Mensch das Recht hat, sein Leben ohne Rücksicht auf das seiner Mitmenschen zu gestalten, weil diese Art von Egoismus letztlich auch den Egoisten gefährdet, der seine existentielle Sicherheit ja nur aus der Existenz einer normalen Gesellschaft erhält. Uns wird in unserer gesellschaftlichen Gegenwart so mancher Anschauungsunterricht zu dieser These erteilt. Es sollte uns vor allem deutlich geworden sein, daß das Losungswort von der „Selbstverwirklichung“, gleich in wessen Namen es gesprochen wird, ein anti-gesellschaftliches und zugleich anti-christliches Modewort ist.

Das heißt nicht, daß nicht das Individuum Rechte auf sein Eigenleben hätte. Es gibt aber Rechte nur im Rahmen von Pflichten, freilich Pflichten nur nach der Maßgabe von Rechten, und das Recht der Verwirklichung eigener Ziele hat immer danach zu fragen, auf wessen Kosten es praktiziert wird und ob dem Kostenträger Gerechtigkeit und Gleichheit widerfährt. Wenn freilich der Kostenträger das Kind ist: es bleibt stumm, hat keinen Anwalt gegen die elterliche und gesellschaftliche Gewalt, und niemand ermißt, was Kinder leiden müssen, welche die Opfer der Selbstverwirklichung ihrer Eltern sind.

Die Zeche bezahlt dann endlich die Gesellschaft selbst, indem ihr die Menschen fehlen, die durch eine sozial natürliche Erziehung Grundvertrauen und Gesellschaftsfähigkeit erworben haben. Die Kirche wird mit ihrer Existenz in diesen destruktiven Strudel der gesellschaftlichen Zersetzung hineingerissen.

Die Chance des „Heilens“ ist also nur ein Teilaspekt einer theologisch relevanten Medizin. Kirche und Glauben erweisen sich vielmehr auf vielfältige Weise miteinander verwoben, und keines kann ohne den Partner bestehen. Wir werden uns davor hüten müssen, in einer medizinisch orientierten Theologie einer neuen Häresie zu verfallen, die wieder nur das Individuelle des Problems, den Heilungsauftrag der Kirche im Interesse des Individuums, erkennt. Die Theologie ist wie die Medizin auch der Einseitigkeit des Individualismus verfallen, wo doch als dessen unverzichtbare Gegenposition eine auf gesellschaftliche Funktionen hin orientierte Kirche ebenso unerläßlich ist. Nirgends so sehr wie in diesem Wechselspiel ist das *kat holon* der Betrachtung, der Blick auf das Ganze der Wahrheit, der Schlüssel zur Verwirklichung einer heilen Welt.

Diese Welt zu ermöglichen – mit der Klugheit des Christen aus der Einsicht des Wissenschaftlers – ist der wesentliche Inhalt der Verantwortung, die auf unseren Schultern liegt.

Versuchen wir, zu einem vorsichtigen Resümee zu kommen. Theologie und profane Welt weisen, wie wir sahen, zahlreiche Wechselwirkungen auf, deren medizinische und theologische Relevanz gleichermaßen bedeutsam scheint. Der Glaube hilft uns, uns gesund zu erhalten und eine gesunde emotionale Konstitution zu erwerben. Denken, Fühlen und Handeln bilden nur dann eine der Gesundheit zuträgliche Einheit, wenn alle drei von einem „Überbau", um es marxistisch zu formulieren, geprägt sind. Es ist dabei wesentlich, daß diese Einheit von Theologie und Medizin sich nicht darauf beschränkt, das Handeln gegen sich selbst zu normieren. Der Mensch muß auch als Feind seines Mitmenschen in theologisch-medizinische Grenzen verwiesen werden. Das Heil des Leibes, der Seele und der Gesellschaft erfordert eine medico-theologische Theorie von soziopsychosomatischer Wertigkeit. Die Gesellschaft und mit ihr die Kirche und die Religion können aber nur in einer Seele bejaht werden, die psychisch normal entwickelt wurde.

Die Medizin hat also auch eine theologisch-gesellschaftliche Kompetenz, ebenso wie *Stollberg* (s. Anm. 18) feststellt, daß die Theologie eine Kompetenz hat, im Bereich jener Dimensionen mitzuwirken, die zum Leben gehören, aber „jenseitig" erfahren werden; sie hat eine Diesseitskompetenz, hinsichtlich ihrer Bedeutung für das Diesseits ihres das Diesseits überschreitenden Glaubens.

4.
Die Hoffnung als Weg der Heilung

4.1 Hilfe und Selbsthilfe

Die Rolle des Glaubens bei den Vorgängen der Heilung ist, das dürfen wir den vorausgegangenen Kapiteln entnehmen, gewaltig. Nichtsdestoweniger sind die Vorgänge im Körper des Patienten, welche durch glaubensmäßige Kräfte aktiviert werden, alles andere als deutlich geworden.

In diesem abschließenden Kapitel soll der Versuch gemacht werden, die Wirkkräfte des Glaubens, welche Leibliches beeinflussen, so gut es derzeit möglich ist, zu verstehen. Diese Analyse kann sich auf nicht sehr viele Tatsachen stützen. Die einfachen physiologischen Gesetzmäßigkeiten sind im zweiten Kapitel geschildert worden. Was uns bleibt, ist der Versuch einer gedanklichen Neuordnung alter medizinischer Erfahrungen und einer Betrachtung über die im Unbewußten der Seele liegenden Kräfte, die man bislang in ihrer unmittelbaren Heilkraft fast nie beachtet hat. Dabei wird sich ein Phänomen in seiner zentralen Funktion herauskristallisieren, das wir im Sprachgebrauch schillernd, ursprünglich und mit wechselnder Bedeutung „Hoffnung" nennen.

Beginnen wir mit einer scheinbar abseitigen Vorbetrachtung. Was heißt eigentlich „heilen" im naturwissenschaftlich exakten Sinn? Wir verstehen zwar, daß die alten Ärzte (so vor allem *Paracelsus*) der Meinung waren, die ein lateinischer Spruch lapidar formuliert: Medicus curat – natura sanat, der Arzt hilft nur, die Natur heilt. Für die etwas krausen ärztlichen Methoden früherer Jahrhunderte mag dieser Satz zutreffen. Aber gilt er noch für unser hochtechnisiertes Zeitalter? Wir mögen ein Beispiel aus heutiger Zeit nehmen, das offenbar zeitlos gültig ist. Was geschieht, wenn eine Wunde heilt, z. B. die, welche der Chirurg bei der Operation kunstvoll gesetzt hat? Daß das Wegschneiden von störendem, rasch wachsendem Gewebe oder von Stellen des Körpers, in welche sich Bakterien eingenistet haben, eine Wohltat ist, ist begreiflich. Wer aber repariert die notwendigerweise zugleich mitgesetzten Zerstörungen? Der Arzt hilft zwar der Natur, indem er die Wundränder säubert und passend aneinandernäht. Aber den Rest muß er der Natur überlassen. Dieser Vorgang ist so typisch für die eigenen Heilkräfte des Körpers, daß man die Geschwindigkeit der Wundheilung benutzt, um mit ihr die Vitalität des Körpers zu messen.

Gibt es medizinische Eingriffe, welche der Natur solche Wunderleistungen abnehmen und sie selber vollbringen? Die Ärzte zur Blütezeit des Vitalismus sprachen von der vis medicatrix naturae, der Heilkraft der Natur, und nahmen sie, im Gegensatz zu den Mechanisten ihrer Zeit, als wesentliche Ursache der Heilungsprozesse an. Die Medizin vertritt heute in gewisser Hinsicht zwei Lehren, auch die von der Heilkraft der Natur, einer Kraft, welche Gesundheit wiederherstellt, wenn sie verloren ist („Hygiogenese“[1]).

Die andere Lehre, vor Jahrhunderten gegen die vitalistische These von der vis medicatrix naturae von den Mechanisten vertreten, nahm an, daß der Arzt das Schädliche, das die Natur (als Gewächs, als Eiter z. B.) produziert hatte, entferne und somit gegen die krankmachende Natur Heilung bewirke. Im Grunde ist es auch heute noch so, daß die Ärzte in der Regel dieser zweiten Theorie des therapeutischen Handelns folgen, und sicher in vielen Fällen mit gutem Recht. Die Chirurgie handelt fast immer nach diesem Konzept, die Bekämpfung von Krankheitserregern folgt ebenfalls der Praxis, das Störende zu beseitigen, und die großen Erfolge der naturwissenschaftlichen Medizin des vorigen Jahrhunderts lagen hier, auf dem Felde der Ausschaltung von Schädlichkeiten. Diese Erfolge haben das Selbstverständnis der Ärzte so stark verändert, daß der Begriff „Naturheilkunde“ ins Abseits der Außenseiterbegriffe gewandert ist und eine angesehene medizinische Zeitschrift vor kurzem einem Kollegen spöttisch ankreidete, daß er an die „Heilkraft der Natur“ glaube.

Wir können (vielleicht ein wenig gewaltsam, aber im Prinzip richtig) alle therapeutischen Methoden in vier Klassen einteilen. Es sind:

1. Methoden, mit denen Störendes ausgeschaltet wird, durch Operation z. B. Gewächse, die bösartig werden können, durch chemische Stoffe z. B. die Erreger, die unser Leben bedrohen.

2. Methoden, mit denen ausgefallene Funktionen des Leibes oder der Seele wiederhergestellt werden. Wir wollen sie „Prothesen" nennen (was wörtlich heißt: Ersatzstücke), gleich ob es sich um künstliche Glieder, Gelenke, um künstliches Blut oder die Zufuhr künstlicher Hormone oder Vitamine oder gar um ein neues „Selbstbewußtsein" handelt.

3. Methoden, mit denen krankhafte Reaktionen des Körpers gedämpft, „normalisiert" werden, gleich ob es sich um die Dämpfung zu starker leiblicher oder seelischer Prozesse (z. B. Fieber, Erregungszustände, Krämpfe, Husten, Erbrechen) oder um die Betäubung von Mißempfindungen oder Schmerz handelt. Immer beruht das Prinzip dieser Therapie darauf, daß die zu dämpfende Reaktion als unzweckmäßig, wenn nicht als schädlich betrachtet werden kann. Mit solchen Methoden glaubten z. B. die Gegner der Vitalisten allein eine effektive Heilkunde betreiben zu können. Der Kampf gegen das Unzweckmäßige der Krankheit steht, wie schon gesagt, auch heute noch im Vordergrund der Therapie.

4. Erst die vierte Klasse von Therapien ist dazu ausersehen, die Natur in ihrem Bestreben, die Normalität wiederherzustellen, zu unterstützen. Nur auf diese Klasse träfe der Satz zu, daß der Arzt nur hilft, die Natur heilen zu lassen. Von dieser Klasse, die stark ins Hintertreffen geraten ist, wird die nachfolgende Betrachtung vorwiegend handeln.

Die derzeitige Schulmedizin macht also von den Heilkräften der Natur, von der vis medicatrix naturae, nur einen relativ bescheidenen Gebrauch. Erst in jüngster Zeit wandelt sich das Bild wieder. Während noch um die Jahrhundertwende zahlreiche therapeutische Verfahren nichts als eine Hilfe für die Natur darstellten, als kräftigende, vorbeugende, abhärtende Therapie, später die Therapie immer mehr teils von der Chirurgie, teils der Pharmakotherapie beherrscht wurde, dringt jetzt zunehmend das Bestreben durch, eine Art Hilfsstellung für den Kranken zu entwickeln, die Heilung aber mehr als zuvor ihm selbst und seinen natürlichen Heilkräften zu überlassen. Es werden Gruppentherapien entwickelt, in denen die Kranken ihre Nöte und Möglichkeiten miteinander und mit dem leitenden Arzt besprechen können[2]. Es wird betont, daß jedermann seine eigene Gesundheit stärker in seiner Hand hat, als es die Schulmedizin bislang einsah. Das eigene Verhältnis zur Gesundheit wird wieder erörtert, die großen Kräfte, welche im Gesundungswillen des Kranken liegen. Es wird der „aktive Patient“ gefordert[3]; es wird statt einer Medizin der Krankheitsbehandlung eine solche der Krankheitsverhütung, oder besser der Gesundheitserhaltung gepriesen. Es entstehen Verbände, Vereine, Organisationen für Gesundheitsförderung, -bildung oder -erziehung[4]. Ein bewegender Bericht eines als unheilbar bezeichneten Patienten, der durch eigene Energie gesund wurde, schildert nicht nur sein eigenes Schicksal, seine Methoden, sondern auch den Stand der literarischen Diskussion um dieses Problem[5]. Die „Selbsthilfe“ marschiert in klarer Formation aufs Schlachtfeld der Medizin[6]. Es wird in der Tat so, daß die „seelische Kernenergie“ im Kranken entdeckt und aktiviert wird[7]. Diese Aktivierung bedarf des Trainings und, da solches Training in unserer Gesellschaft völlig unmodern geworden ist, der Anleitung, der *Hilfe von außen.*

Um unsere theoretischen Überlegungen hierzu von vornherein zu präzisieren, wollen wir die Hypothese aufstellen, daß die Wunderheilungen, von denen oben berichtet wurde, der extreme Fall eines in schwächerer Ausprägung allgemeinen und ständig wirksamen Prinzips sind. Wir wollen dieses Prinzip versuchsweise „Hoffnung“ nennen und näher zu bestimmen versuchen. Wir wären aber schlecht beraten, wenn wir dieses Prinzip unabhängig von der Individualität der Menschen, auf die es einwirkt, betrachten wollten.

Das Individuelle spielt, wie leicht zu zeigen ist[8], in der ganzen Medizin eine dominierende Rolle, die uns bezüglich der Krankheitsentstehung in letzter Zeit durch Fortschritte der Vererbungslehre deutlicher geworden ist. Es gibt aber eine doppelte individuelle Neigung zu Krankheit und Gesundheit: neben genetischen Faktoren spielen erworbene eine große Rolle. Diese Doppelnatur der individuellen Empfänglichkeit ist nicht nur in der Ansprechbarkeit auf äußere, insbesondere gesellschaftlich bedingte Krankheitsfaktoren wesentlich, sondern auch in der Empfänglichkeit für Hilfe zu ihrer Überwindung. Es gibt Menschen, die von Natur aus (durch Erbanlage) anderen leicht vertrauen, die leicht beeinflußbar und gutmütig sind. Es ist aber zur Annahme seelischer Hilfe vor allem das Grundvertrauen oder Urvertrauen unerläßlich, das in den ersten Lebensjahren durch eine geeignete Erziehung, vor allem durch die Erfahrung des Kleinstkindes mit konstanten sozialen Relationen, also einer konstanten Bezugsperson, erworben wird[9]. Dieses Urvertrauen ist es, worum *Sören Kierkegaard* in seinen Tagebüchern bittet, wenn er Gott anruft: „Gib Du mir wieder Mut zu hoffen, ... laß die Hoffnung meinen verdorrten und unfruchtbaren Sinn wieder befruchten[10]." Die Hilfe, die dem Individuum angeboten wird, muß aber seinem allgemeinen Verständnishorizont angepaßt sein. Einem heutigen Menschen, der durch Erziehung und Indoktrination der Kirche und ihrer Theologie entfremdet ist, muß diese Hilfe also sowohl in für ihn verständlicher Sprache als auch in einer Begrifflichkeit, welche seinem allgemeinen Weltbild angepaßt ist, vermittelt werden. Das gilt auch für das geistige Phänomen Hoffnung. Das Sprachproblem ist nicht nur in der Medizin wichtig. Es ist das kardinale Problem schlechthin einer jeden Wirksamkeit von Menschen auf Menschen und also auch der Kirche und der Theologie auf die Menschen, was in der Theologie von *Eugen Biser*[11] besonders klar erkannt worden ist.

Unser Problem liegt heute also darin, daß die „Normalempfänger" der hier erörterten Hilfeleistungen nicht mehr in der Sprache der Offenbarung unterrichtet wurden und also nicht mehr in ihr zu Hause sind. Der beste Zugang zu einer Theorie und der klarste Erweis der Gültigkeit einer Idee aber liegt darin, daß die Idee mit unserem eigenen Wohl und Wehe zu tun hat, daß (biblisches) Heil mit (medizinischem) Heilen zu tun hat. Das ist sicherlich der Grund, weshalb Jesus so viele Heilungen vollführte und diese Heilungsberichte einen so breiten Raum in der Heilsbotschaft der Evangelien einnehmen[12]. Aber die Botschaft Jesu war in der Umgangssprache (Koiné) der Zeit formuliert und entsprach dem paradigmatischen Weltverständnis der Zuhörer!

Diese Botschaft wird in einer Zeit niedergeschrieben, in der die Medizin von Menschen dazu mißbraucht wird, teils betrügerische Vorteile einzuhandeln, teils ohne offenbare Absicht des Betrugs durch falsche Propheten Unsinniges glaubhafter zu machen. Den Betrug zu entdecken, gelingt nach einiger Zeit wohl immer. Ein modernes Beispiel, das sich aus der Geschichte der Heilkunde tausendfach belegen ließe[13], ist der Schwindel mit den Medizinmännern der Philippinen, der soeben eindrucksvoll entlarvt wurde[14]. Der zwar nicht betrügerische, aber dennoch schädliche Medizinschwindel liegt überall dort vor, wo eine allenfalls durch Glauben oder Suggestion erzeugte körperliche Wirkung entweder fälschlich einem greifbar nutzlosen Medikament oder Eingriff zugeschrieben wird oder der betreffende Quacksalber zwar den Mechanismus seiner Erfolge kennt, ihn aber verschweigt oder falsche Angaben über ihn macht.

Natürlich wird man nun fragen, was eine Heilung durch Glaubenskräfte von solchem offenbaren Schwindel unterscheide. Die Antwort ist einfach. Der Unterschied liegt in der durchwegs, d.h. in allen Aussagen und Interpretationen bewahrten Ehrlichkeit. Der Glaubende weiß, daß es sein Glaube war, der geholfen hat, und diese Hilfe wird nicht unwirksam durch die Einsicht in ihre Natur. Ehrlichkeit ist sogar ein konstitutives Prinzip dieser Heilkraft durch Glauben, weil nur die Einsicht in eine Hilfe, die von einer Welt außerhalb kommt und die eine große natürliche Würde besitzt, diese Kraft, ihrer Herkunft wegen, entfaltet.

Wir wollen unsere Augen aber nicht vor der radikalsten Kritik verschließen, die unserem Anliegen widerfahren kann, daß nämlich in traditioneller atheistischer Form die Existenz Gottes geleugnet wird und die Wirkung des Glaubens also auf dem schlimmsten und höchsten Betrug aufbaut, der gedacht werden kann: auf der Vorspiegelung der Existenz Gottes und seiner Macht und Vollkommenheit, die nur das Ergebnis menschlicher Phantasie oder gar ein Mittel zur Manipulation des Menschen ist. *Nietzsches* Wort vom „toten Gott“ kommt uns in den Sinn. Und sind dann die Kirchen nicht „die Grüfte und Grabmäler Gottes“[15] und jeder Bezug auf Gott ein Betrug?

4.2 Die Ehrlichkeit der religiösen Hilfe

Die von den Kräften des Glaubens entwickelten Hilfen für das Individuum unterscheiden sich von allen anderen Wirkungen ähnlicher Art, die wir mit dem Kennwort „Placebo-Wirkungen“ bezeichnen wollen, in der Tat auf vielfache Weise. Um zum Kern unserer Betrachtung vorzustoßen, wollen wir diese essentiellen Probleme der Reihe nach erörtern.

1. Die seelischen Prozesse verändern den Leib auf eine zwar letztlich auch nicht einsehbare, aber doch wissenschaftlich testbare Weise. Diese Verhältnisse haben wir in Kapitel 2 erläutert. Hierzu ist Folgendes zu sagen. Zunächst unterscheiden sich Placebo-Wirkungen und Glaubens-Wirkungen im Prinzip der seelisch-leiblichen Einwirkung nicht. Überall sehen wir gleichartige Mechanismen am Werk, bei beiden Wirkungsformen. Zwar ist der leib-seelische Zusammenhang uneinsehbar, aber er ist dies auf dieselbe banale Weise wie alle psycho-physischen Wechselwirkungen. Diese waren letztlich ein „einsehbares Rätsel“, so wie es die alte Lehre vom psycho-physischen Parallelismus in allzu einfacher Verbildlichung („Parallelismus“) annahm: Wo Seelisches wirkt, geschieht auch Leibliches. Einsehbar ist das Rätsel paradoxer Weise deshalb, weil es der alltäglichen Selbsterfahrung völlig offen ist.

2. Die Theologie beziehungsweise die Kirche entwarfen Ordnungssysteme, deren Ziel es ist, das Leben der Menschen, ihr Denken, Argumentieren, Fühlen und damit letztlich ihr Handeln so zu beeinflussen, daß eine „Lebensordnung“ erzielt wird, welche eine relativ hohe Verläßlichkeit und damit auch eine entsprechende Voraussagbarkeit garantiert. Dieses Argument war Gegenstand von Kapitel 3. Diese Ordnung betrifft auch die seelisch-leiblichen Effekte, freilich in zwei grundsätzlich zu unterscheidenden Kategorien. Die Lebensordnung

schreibt erstens ein unreflektiertes Handeln in Form von Sitten und Normen vor. Sie verändert zweitens geistige Vorgänge, im Sinne emotionaler Ausgeglichenheit und damit einer Minimierung der Konflikte. Dies alles geschieht in einem alles durchdringenden System von moralischen Vorstellungen, welche ebenfalls offen liegen und verläßlich gefordert, freilich keinesfalls auch individuell verläßlich eingehalten werden. „Unehrlichkeit" kann nur insofern entstehen, als Individuen nach einer religiösen Vorstellung (Moral) zu leben vorgeben, es aber de facto nicht tun. Das System selbst bleibt dabei völlig ehrlich. Theorie und Normengebung sind konform.

3. Allerdings wird die Geltung der Normen und Wertvorstellungen ebenso wie die Kraft des wirksamen Glaubens dadurch erreicht, daß „Gott" als oberste Instanz in nicht beeinflußbarer Autorität erscheint. Doch wird zugleich gesagt, daß „Gott" ein Wort für das große Unbekannte ist, das absolut „Numinose" (wie *R. Otto*[16] es nennt), von dem niemand etwas wissen kann, was nicht durch eine ebenfalls niemals absolut sichere „Offenbarung" bekanntgemacht wurde.

4. Diejenigen, welche die göttliche Botschaft verkünden, glauben selber an Gott, auf eine bezeugte und nicht zu bezweifelnde Weise. Der Interpret der Sachverhalte ist also gutgläubig, rechtgläubig und ehrlich zugleich. Diese Tatsache allein würde schon ausreichen, die These vom Betrug mit Gott zu widerlegen.

5. Die enorme religiöse Kraft entsteht in der Seele des Menschen und ist ihr offenbar als genetische Anlage mitgegeben. Sie kann als das *Zeugnis* der Wirksamkeit von Seelischem angesehen werden. Schon in dieser Tatsache liegt Grund genug, um die geistige Wirkwelt als vorhanden zu akzeptieren. Das Wunder der Heilung ist ein gleichsam „natürliches" Wunder, nicht wunderbarer als leib-seelische Beziehungen sonst auch. Nur im Quantitativen hebt es sich aus der Alltagserfahrung heraus: es ereignet sich selten. Aber Quantitatives bestimmt nach unserem Verhältnis (anders als im Marxismus) nicht auch schon qualitative Übergänge. Man kann durch die Seltenheit solcher Wunderheilungen noch nicht von ihnen sagen, daß sie vom Natürlichen zum Übernatürlichen führen würden.

6. Trotz all dieser Beweise für die vollkommene Ehrlichkeit der Reduktion der Glaubenskräfte auf „Gott" ist das Phänomen der Heilung aus dem Glauben kein Gottesbeweis.

7. Und dennoch geht von der Heilkraft des Glaubens ein Strom von Einsichten aus, die man im Sinne *Peter Knauers* als „Hinweise" auch auf die Existenz Gottes verstehen kann. Der Arzt jedenfalls steht vor dem Wunder des Heilens mit Ehrfurcht und dem Gefühl, vor Unerklärlichem zu stehen. Es ist dieselbe Ehrfurcht, die der Physiker vor der Kosmogonie, der Welterschaffung, die der Biologe vor der Tatsache des Lebendigen und seiner unerklärlichen Vielfalt und Zweckmäßigkeit empfindet. Niemand, der eine moderne Bildung besitzt, wird etwas anderes glauben, als daß es bei all diesen Wirklichkeiten „mit rechten Dingen" zugeht, daß also Naturgesetze diese Wirklichkeit bestimmen. Wie diese Gesetze aber im Detail wirken, wie sie das Bestehende haben entstehen lassen, wie sie vor allen Dingen selber entstanden sind, das ist bei aller Gesetzeskunde uneinsehbar. Die Tatsachen der „Evolution" finde ich z. B. sogar im Gesetzmäßigen unverständlich, doch das zu erläutern, führt hier zu weit[17]. Was hier zu sagen ist, ist dieses, daß die „Heilkraft der Natur", die von der Naturheilkunde mit Recht so hoch geehrt wird und doch der Schulmedizin nirgends widerspricht, daß selbst sie nicht vollständig einsehbar ist, daß aber die Einwirkung der Seele auf das Leibliche in ihren extremen Tatsächlichkeiten die Vorstellbarkeit völlig übersteigt.

Es sind diese sieben Gründe, welche die Ehrlichkeit der theologischen Argumentation begründen und aus dem Dunstkreis der Scharlatanerie weit und unverwechselbar herausrücken. Wir begegnen in der psychosomatischen Einwirkung, insbesondere in den Heilungen extremer Form, dem Gleichnis einer Kraft, die ohne den Glauben an die Hilfe Gottes nicht entsteht.

Unser Argument lautet also nunmehr so, daß durch den Glauben Heilkräfte entstehen, die wir in solcher Mächtigkeit sonst nirgends finden. Es ist ein besonderes Kennzeichen dieser Kräfte, daß sie in einem menschlichen Bereich aktiviert werden, der von absoluter Ehrlichkeit durchdrungen ist. Doch wäre es um die praktische Brauchbarkeit einer solchen religiösen Welt schlecht bestellt, wenn sie sich nur in extremen Situationen, unter dem Zeichen des „Wunderbaren" bewähren könnte. Die Absicht dieser Schrift ist es vielmehr, das Religiöse als einen (nicht extremen) Sonderfall einer dem Menschen allgemein eigentümlichen Kraft darzustellen, einer Kraft, die im wahren Wortsinn „normal" ist, die sich also in jedem Menschen findet und unter Bedingungen wirksam wird, welche den allgemeinen Existenzbedingungen des Menschen in seiner Gesellschaft entstammen.

Wenn wir freilich so argumentieren wollen, ist unsere nächste Frage die, welche „normalen" seelischen Kräfte der Glaubende in sich durch seinen Glauben aktiviert. Unsere These, die nunmehr zu beweisen sein wird, lautet, daß diese Kräfte identisch mit einem Phänomen sind, das jedermann aus eigener Lebenserfahrung kennt: mit der Hoffnung.

Hoffnung als Heilkraft – das könnte ein alternatives Programm für eine Medizin sein, die einer immer mehr von Angst und Hoffnungslosigkeit gequälten Menschheit ganz neue therapeutische Dimensionen eröffnen könnte. Ein Blick in unsere derzeitige Gesellschaft, jedenfalls in den Industrienationen, zeigt uns freilich zweierlei, das uns nicht gerade optimistisch stimmt:

Wir sind eine glaubenslose Gesellschaft geworden, jedenfalls was die religiöse und sicherlich die kirchliche Gläubigkeit anbelangt.

Wir sind eine Gesellschaft geworden, in welcher das Bewußtsein wachsender Gefährdung immer mehr Angst erzeugt und immer weniger Hoffnung zuläßt. Wir leben in einer hoffnungsarmen Welt, die immer mehr Menschen hoffnungslos erscheint, trotz aller Steigerungsraten des Pro-Kopf-Einkommens, des Bruttosozialprodukts und des Wohlstands. Wenn also Hoffnung für unsere Existenz und insbesondere unsere Gesundheit so wesentlich sein soll – woher sollen wir Hoffnung nehmen, wie wichtig ist sie für uns, wie wirkt sie auf unser leibliches und seelisches Heil? Sollen wir wider alle Einsicht hoffen, und auf was?

Die Medizin ist in diesem Punkte ebenso unselbständig geblieben wie auch sonst in ihren philosophischen Konzepten. Die Geisteswissenschaften haben offenbar nicht viel von der Hoffnung gehalten und also der Medizin wenig Hilfe gegeben. Ein philosophisches Buch über Hoffnung aus französischer Feder[18], mehr habe ich nicht gefunden. Moderne Philosophen führen das Stichwort Hoffnung nicht im Register[19], ein Buch über das Gemüt[20] sagt viel über den Mut und seine Abwandlungen wie Hochmut oder Demut, aber schweigt von der Hoffnung. Nur ein Mediziner, *Herbert Plügge*, hat das Thema entdeckt, freilich auch nur einen Nachahmer gefunden[21]. Die Tiefenpsychologie schweigt sich aus[22]. Selbst *Josef Piepers* Traktat über die Tugend der Hoffnung geht an ihrer existentiellen Bedeutung vorbei[23]. Man wird also mindestens *Plügge* zustimmen, daß man das Thema Hoffnung „stiefmütterlich" behandelt hat. Es ist, so darf man wohl noch schärfer formulieren, das Problem nicht in das Bewußtsein der denkenden Menschen eingedrungen.

Dabei ist Hoffnung, soweit es der Arzt erkennen kann, ein Phänomen, das an der Wurzel allen geistigen und leiblichen Lebens steht, und zwar von einer so unmittelbaren Notwendigkeit, daß Existenz ohne Hoffnung vermutlich nicht möglich ist. Hoffnung ist zwar auch die Grundstruktur einer christlichen Existenz, wie es uns die Theologen lehren, aber sie ist in dieser Grundfunktion sicherlich nicht auf die Christen beschränkt, die es nur darin leichter haben, als ihr Glaube an Gott sie mit einer „immerwährenden", von der Lage ihrer irdischen Existenz unabhängigen, also „übernatürlichen" Hoffnung erfüllt, die sie (wie es der Apostel Paulus sagt) „nicht zuschanden" werden läßt (Röm 5,5).

Schon diese wenigen Bemerkungen zeigen, wie schwierig es ist, den Gegenstand zu definieren, über den wir hier nachdenken. Wie bei allem, das uns im Bewußtsein primär gegeben ist, und über das wir uns nur durch Mitteilungen und das an solche Mitteilungen anknüpfende, sogenannte hermeneutische Deutungsvermögen verständigen können, gibt es kaum eine Basis, auf der eine objektivierbare Definition unseres Gegenstandes gefunden werden kann. Der Vulgärgebrauch der Sprache nennt Hoffnung zuweilen jede Erwartung des Kommenden. Diese Definition ist zu weit, da sie den Gegenstand von allzu banalen Vorgängen des Alltagslebens nicht abhebt. Wir könnten in unserem Fall mehrere Methoden der Eingrenzung von Hoffnung versuchen, die wir wie folgt klassifizieren.

1. Wir können von den seelischen Phänomenen ausgehen[24].

2. Wir können zur Schärfung der Definition den Versuch machen, andere Begriffe, die Phänomenales, im Bewußtsein Vorgefundenes bezeichnen, gegen den Begriff Hoffnung als etwas „anderes" zu setzen, den Geltungsbereich des Begriffs Hoffnung dadurch abgrenzend.

3. Wir können Hoffnung, als eine erwartende Seelenhaltung des Menschen, nach den Gegenständen der Erwartung definieren.

4. Wir können den Versuch machen, Hoffnung durch charakteristische physiologische Begleiterscheinungen zu definieren. Wir müssen aber erkennen, daß wir dabei in jedem Fall von einer petitio principii ausgehen, da man die physiologischen Begleiterscheinungen selber nur definieren kann, wenn man zuvor bestimmt, daß der Zustand, den man messend verfolgt, die seelische Eigenschaft hat, „Hoffnung" zu sein. Dennoch lassen sich, wie wir sehen werden, erstaunlich weitreichende Schlüsse aus der Physiologie dann ziehen, wenn der Gegenstand leidlich definiert ist, sich somatische Befunde zu seiner weiteren Eingrenzung ergeben und sich dann in einem „hermeneutischen Zirkel" eine Klärung herausbildet, die niemals von einer definitorischen Willkür frei bleibt, uns aber Einblicke in das definierte Geschehen gestattet, die „erhellend" sind, um es mit *Karl Jaspers* zu formulieren[25].

Das Anliegen dieses Kapitels ist also, die Bedeutung der Hoffnung für jedermann aufzuzeigen, die Gründe für ein Scheitern der Hoffnung zu nennen und die Möglichkeiten mitmenschlicher Hilfe für den von aller Hoffnung Verlassenen darzulegen.

4.4 Das Phänomen der Hoffnung

Hoffnung richtet sich immer auf irgend etwas, das uns in Gedanken vorschwebt, das wir „erwarten". Sie ist also auf Zukunft ausgerichtet. Sie „läßt uns, was wir wünschen, als wahrscheinlich und nahe erblicken", so formuliert es *Arthur Schopenhauer*[26], wobei wir den großen Philosophen korrigieren möchten und meinen, daß uns im Augenblick großer Verzweiflung, doch auch im Zustand endgültiger Entschlossenheit, gerade *ferne* Ziele voller Hoffnung sein lassen. Je ferner das Ziel, um so stärker muß freilich die Hoffnung sein, die es erreichbar erscheinen läßt, und es mag eine der Eigenschaften des Genies sein, daß es auch noch von fast Unerreichbarem angetrieben werden kann. Ist also Hoffnung nichts als die in unserem Gefühl mitschwingende Seite des Antriebs?

Unsere Lebenserfahrung sagt uns, daß die Dinge komplizierter sind. Wenn wir unser Selbstbewußtsein fragen, so erscheint uns als primitivster Ausdruck unserer Hoffnung die Annahme, daß sich irgend etwas ändern wird, und daß wir dabei irgendeinen Vorteil haben werden. Solche Erwartungen der Veränderung beginnen mit den kleinen Hoffnungen des Alltags – der Freude auf eine Unterbrechung der Arbeit, auf den Feierabend, das Wochenende. Kaum etwas ist der menschlichen Seele so unerträglich wie das Bewußtsein des Gleichen. Dies seelische Grundgesetz scheint z. B. eine der Ursachen der Jugendunruhen zu sein: In der Szene des Krawalls, erst recht des Terrorismus, „geschieht etwas", das in der Langeweile eines Tages ohne Inhalt eine neue Sinnerfüllung erreichbar erscheinen läßt. So lautet das Selbstzeugnis radikaler Jugendlicher. Nichts ist für uns unerträglicher als der Gedanke, daß sich nichts mehr ändern wird. Ein Leben lang Waschpulver verkaufen zu müssen, war der Alptraum junger Menschen, von denen eine Zeitung berichtete[27]. Je größer die Sprünge sind, die in der Bahn unseres Lebens auftreten möchten, desto mehr sind wir gespannt, wie ein Bogen, der den Pfeil unserer Existenz in ein neues Ziel trägt. Je endgültiger und umfassender uns dieses Ziel erscheint, desto hoffnungsvoller ist unser Gemüt. Wenn diese Hoffnung sich auf den Umgang mit Menschen richtet, wenn neue soziale Bezüge, neue Freundschaften oder Liebe zu nahen scheinen, steigt unsere Hoffnung mehr, als es bei jedem ökonomischen Gegenstand unserer Hoffnung geschehen könnte. Auch im Hoffen sind wir zunächst ein gesellschaftliches Wesen. Unser Lebensprogramm, das alle unsere Hoffnungen enthält, ist in der Regel ein Programm, das gesellschaftliche Rollen anstrebt.

Dennoch will uns dies alles keine Klärung der Frage scheinen, was Hoffnung eigentlich sei. Dum spiro, spero – sagt ein lateinisches Sprichwort: solange ich atme, hoffe ich. Im Spiel dieser Worte wird der enge Zusammenhang von Leben und Hoffen deutlich, so als sei Hoffnung eine vom Dasein unabtrennbare Eigenschaft. Dem Physiologen kommt sofort eine solche Eigenschaft in den Sinn, die sich als notwendige Grundlage jedes Lebens erweist, das von einem Gehirn abhängt: Leben bedarf der ständigen Antriebe, welche die Maschine des Leibes in optimaler Funktion erhalten, Antriebe, welche teils in die motorischen Bahnen laufen, den Muskeltonus produzieren, ohne den keine „Haltung" möglich ist, und durch das vegetative Nervensystem die Tätigkeit aller Organe zugleich anregen und zueinander ordnen. Diesen zentralen Zustand, der solche Antriebe produziert, hat man den zentralen Erregungszustand (central excitatory state) genannt. Wir werden ihn später genauer kennenlernen[28].

Hoffnung wird von uns also grundsätzlich als ein seelisches Phänomen verstanden, das uns aktiviert, unsere Gedanken belebt, unsere körperlichen Kräfte stärkt und sich anderen seelischen Regungen der Inaktivität entgegenstemmt. Insofern stimmen wir mit *Josef Piepers* Darstellung überein, daß Hoffnung zu jenem Phänomen ein Antagonist ist, das die alten Griechen die Acedia nannten, und die mehr und anderes bedeutet als das Wort, das heute zur Übersetzung dient: Trägheit[29]. Hoffnung ist der Inbegriff der emotionalen Beflügelung, ohne daß Aufregung oder Aggression im Spiel ist. *Gabriel Marcel* (s. Anm. 18) drückt besonders deutlich aus, in welchem Maße Hoffnung ein elementares seelisches Phänomen ist: Sie sei „wahrscheinlich der Stoff selbst, aus dem unsere Seele gemacht ist". Insofern kann Hoffnung auch nur per exclusionem phänomenal beschrieben werden.

Die Richtung der Hoffnung ist immer das Zukünftige. Auch hier mögen wir *Pieper* (s. Anm. 23, dort S. 11 ff.) folgen, wenn wir Hoffnung aus der elementaren menschlichen Eigenschaft des „Unterwegsseins", des „status viatoris", ableiten. Hoffnung richtet sich auf das, was am Rande unseres Weges liegen wird, sei es das *„Zufallende"*, das wir nicht selbst bewirken, und von dessen Eigenart wir nur eine vage Vorstellung haben können, sei es das *„Erreichbare"*, das mit eigener Kraft und „Gottes Hilfe", der Hilfe von höheren Mächten, als wir es sind, realisiert wird.

Das menschliche Leben zeichnet sich durch eine unübersehbare Vielfalt aus. Kein Lebewesen sonst auf der Erde zeigt dieses Ausmaß der Verschiedenheit. Wir werden nicht erwarten dürfen, daß ein so das Innerste des Menschen ausdrückendes Phänomen wie die Hoffnung sich logischen Standardisierungen füge. Hoffnung, so meint *Plügge* (s. Anm. 21, dort S. 39) denn auch, sei auf den ersten Blick fast banal und etwas „nebelhaft", und man komme in Verlegenheit, wenn man sie definieren wolle. In unseren Hoffnungen drückt sich unser Wesen, unsere Erfahrung, unsere Bildung aus. Jede Hoffnung geht von der Lage aus, in der wir uns befinden; sie ist das Muster, das unsere Existenz mit unseren Zielen und unseren Möglichkeiten verbindet, und geht doch weit darüber hinaus, indem sie „zu den Sternen greift".

Hoffnung steht im übrigen immer in Konkurrenz mit anderen Bewußtseinsinhalten, verflüchtigt sich in der Tätigkeit und tritt in Phasen der Besinnlichkeit wieder hervor. Sie bestimmt den positiven Inhalt unserer Erwartungen, Gedanken und Entschlüsse um so mehr, je weniger klar Begründungen oder Motive den Gedanken und Entschlüssen zugrunde liegen. In der Situation der Unentscheidbarkeit der Erwartung bricht dann Hoffnung (oder Resignation) mit voller Kraft in das Bewußtsein ein, ohne daß diesem dabei klarwerden müßte, welche seelische Regung nun das Steuer des Bewußtseins in die Hand nimmt.

4.5 Der Grenzbereich der Hoffnung und ihre Gegenstände

Hoffnung ist also ein elementarer Bestandteil jeden menschlichen Bewußtseins, das sich leidlich im emotionalen „Gleichgewicht" befindet, in einem Gleichgewicht, das wir um so stärker gestört empfinden, je mehr wir uns dem Grenzzustand der Hoffnungslosigkeit nähern, also bei „schwindender Hoffnung". Wie allen solchen elementaren seelischen Phänomenen ist auch der Hoffnung eigentümlich, sich ständig in andere seelische Zustände zu verwandeln. Schon dieser Ausdruck „Verwandlung" ist nicht genau; in uns flutet ein Strom von Bewußtseinsinhalten, in denen, beim Versuch einer introspektiven Analyse, teils konkrete Inhalte, teils aber jene allgemeinen Zustandsformen unterscheidbar sind, die wir meist dem „Gemüt" zusprechen und in einer „Thymologie" zu klassifizieren versuchen (s. Anm. 27). Die Klarheit der Definition solcher Zustände verhält sich proportional zur Konkretheit der Inhalte, welche diese Zustände mindestens teilweise hervorrufen. Doch ist es kennzeichnend für die Psychologie dieser „Grundbefindlichkeiten", daß sie allem Konkreten vorgelagert, eine Folge von Erfahrungen und zugleich ein Kennzeichen der Persönlichkeit (des „Charakters") sind. Der Optimist hofft noch in einer Lage, in welcher der Pessimist nur noch fürchtet, so könnte man es gleichnishaft beschreiben.

Wir wollen nun den Versuch machen, das, was Hoffnung ist, aus Grenzbetrachtungen näher zu bestimmen, wobei wir solche Grenzen bei der Vagheit der seelischen Grundbefindlichkeiten oft leichter an den Gegenständen bestimmen können, an deren Bewußtwerdung sich solche Grundbefindlichkeiten entwickeln, oder welche von diesen Grundbefindlichkeiten ausgewählt und dem Bewußtsein in bestimmter emotionaler Tönung vorgestellt werden. Hoffnung erscheint uns unter diesem Aspekt immer als etwas, das sich auf freudig zu Erwartendes richtet; sie gehört – in alter Terminologie formuliert – zu den angenehmen Gefühlen, mit denen aus der unendlichen Vielfalt des Möglichen dasjenige als Erwartung ausgewählt wird, was uns erfreut. Dies Mögliche, das erwartet wird, bildet sich aus dem Unvorhersehbaren (dem „glücklichen Zufall") ebenso wie aus dem Kalkulierbaren an fremdem und eigenem Handeln. Wir würden aber den erwartenden Grundton in der Seele des Hoffenden sachlich mißverstehen, wenn wir seine Ziele und Absichten schon als Inhalt seiner Hoffnungen nähmen. Sicher ist Hoffnung auch auf das eigene Tun gegründet, immer aber so, daß wir der möglichen Vergeblichkeit dieses Tuns innewerden und unsere Hoffnung darauf richten, es möge nicht vergeblich sein. Wir hoffen also aus dem Grunde des Bewußtseins, daß unserem Tun die Hilfe zuteil wird, die der Christ „Gottes Hilfe" nennt, die er in der Gnade theologisch faßt, und von der er weiß, daß ohne solche Hilfe alles menschliche Streben mißlingt.

In einer groben Dreiteilung mögen wir die Ziele der Hoffnung so einteilen, daß es personale, gesellschaftliche und transzendente Inhalte der Hoffnung gibt, über die wir später ausführlicher reden. Im personalen Bereich, der unser eigenes Wohl und Wehe betrifft, ist das uns erfüllende *Glück* eine Art Integralbegriff für die Gegenstände der personalen Hoffnungen, zu denen an erster Stelle das Wohlbefinden gehört, das uns primär die Gesundheit schenkt; der gesellschaftliche Bereich ist ein Ausdruck dafür, daß die gesellschaftliche Rolle fast die wichtigste Determinante auch des persönlichen Glücks ist, die transzendentalen Inhalte endlich sind das, was die Glücksphäre des Irdisch-Rationalen überschreitet. Es kann also keine Rede davon sein, daß Hoffnung sich *nur* auf dasjenige richtet, das uns selbst, aus eigenem Tun, unerreichbar sein würde. Diese Eigenschaft der Hoffnung würde sie ihrer wesentlichsten Eigenschaft, ihrer Anti-Acedia, ihrer Antriebskraft, berauben. Doch wäre es ebenso häretisch anzunehmen, Hoffnung richte sich nur auf das eigene Erreichen. Hoffnung ist unabhängig von den Kräften, die das kommende Neue gestalten, wenn nur dies Neue von uns genutzt und erlebt werden kann, und wenn es nicht nur von unserer eigenen Entschließung abhängt.

Ebenso würde es dem Charakter der Hoffnung widersprechen, wenn sie sich auf die Erhaltung des Bestehenden richten würde, obgleich der Sprachgebrauch von eben dieser „Hoffnung auf Bestand" redet. Wir müssen vielmehr bei unserem Verhältnis zum Beständigen von dem Phänomen der *Angst* ausgehen. Vor dem Verlust des Bestehenden, sofern es uns befriedigt, haben wir Angst. Unsere Hoffnung richtet sich darauf, daß wir dies Angsterlebnis nicht haben werden, und wird dann zu einer Hoffnung in unserem Sinn, wenn sie uns in unseren Handlungen beflügelt, indem wir zur Bewahrung des Bestehenden tätig sind. Die Angst hingegen vor dem Zerfall des Bestehenden ist im Grunde die Angst davor, schwer oder nicht mehr Erträgliches erleiden zu müssen. Hoffnung könnte sich auf das Beharren der Umwelt im Zustand der Erträglichkeit richten, aber auch dies ist nicht Hoffnung in unserem Sinn, sondern Freiheit von Angst vor diesem Zustand der Veränderung. Der emotionale Untergrund der Hoffnung schwingt nicht mit.

Dieses Verhältnis von Angst und Hoffnung als zweier auch im physiologischen Ablauf völlig verschiedener Emotionen gründet sich also wesentlich darauf, daß die Angst die Veränderung befürchtet, die Hoffnung sie bejaht und ersehnt. Ersehnte Veränderung ist, so behaupten wir, die Triebfeder menschlichen Handelns in einem weitgespannten Sinn und entspricht, wie wir eingangs sagten, vermutlich jenem Zustand des zentralen Nervensystems, der mit einigen physiologischen Begriffen wie folgt umschrieben werden kann: Wachheit („arousal") ohne Aggression, d.h. zumindest ohne ein greifbares Gegenüber, auf das sich Aggression richten könnte. Es handelt sich also um Wachheit, die ihre Energie aus inneren Quellen nimmt und sich schon deshalb auf Zukünftiges, Erdachtes und Gewünschtes erstreckt. Man wird also schwerlich behaupten können, daß eine Welt, in der *alles* Bestand hat, emotional erträglich sei. Die Zufriedenheit mit dem Vorhandenen ist erfahrungsgemäß immer begrenzt auf den Zeitraum noch auszuweitender Erfahrungen mit neuem Erwerb. Diese elementare psychologische Tatsache ist nirgends klarer beschrieben als im Märchen vom Fischer und seiner Frau. Sobald sich unsere Begehrlichkeit an das Vorhandene adaptiert hat (so nennt es die Physiologie), richtet sich die Motivation des Handelnden auf die Veränderung des Zustandes, erhofft die Emotion, daß irgendein „Zufallendes“ dieser Motivation entgegenkommt. Es wäre ein Akt der höchsten Weisheit (am Beispiel des Diogenes exemplifiziert), wenn ein Mensch seine Begehrlichkeit auf das Minimum eines leidlichen Zustandes, der vorhanden ist, beschränkt, d. h. den Zustand der wunschlosen Glückseligkeit dessen, was der Buddhismus *Nirwana* nennt, erreicht. Wer das Nirwana realisiert, bedarf keiner Hoffnung mehr.

Im Menschenleben hängt das, was einer erhofft, nicht nur von seiner Bildung und Erfahrung, sondern auch von seiner persönlichen Situation ab. Der Bereich dessen, worauf sich Hoffnung erstrecken kann, ist so weit, wie menschliche Wünsche reichen – und ebenso verschieden. Vom Wünschen und Wollen (von den Zielen) ist Hoffnung grundsätzlich dadurch unterschieden, daß Hoffnung bereits die nächsthöhere emotionale Stufe darstellt: die Vorahnung auf die Möglichkeit oder gar Wahrscheinlichkeit der Erfüllung von Wünschen, des Erreichens von Zielen. Hier hat also der Arme andere Hoffnungen als der Reiche und wird in seiner totalen Verlassenheit oft genug nur durch die Hoffnung lebendig bleiben. Arbeiter und Intellektuelle haben verschiedene Hoffnungen und damit völlig verschiedene emotionale Grundbefindlichkeiten selbst in gleicher Situation.

Die gewaltige Spannweite menschlichen Hoffens läßt sich ermessen, wenn man die Schriften der Mystiker und die erbarmungslose Kritik des Durchschnittsmenschen, wie sie *Pascal* uns in seinen „Gedanken“ vorhält, miteinander vergleicht[30]. Der Mensch, so *Pascal,* scheut nichts mehr als einen Blick in sich selbst. Für ihn muß sich also die Welt um ihn in stetem Wechsel befinden – Inkonstanz, Langeweile und Unruhe, so sagt Pascal, sind die „Konditionen“ des Menschen, und (was Pascal nirgends sagt) aus der Langeweile der Unerfülltheit erlöst ihn allein die Hoffnung nahender Erfüllungen. Es ist in der Tat so, daß der Durchschnittsmensch von den kurzbeinigen Hoffnungen auf naheliegende Zerstreuungen lebt. Es sind Menschen sehr viel komplizierterer Struktur und umfassenderer Bildung, welche ihre Hoffnungen auf die „großen Dinge“ setzen.

Je mehr also Hoffnung sich auf das Äußerste an menschlichen Möglichkeiten richtet, desto mehr nimmt sie einen anderen Charakter an. Wenn also *Pieper*, den Thomas von Aquin zitierend, Hoffnung als Tugend nimmt, als das Äußerste, was ein Mensch sein kann (s. Anm. 23, dort S. 26), dann zeigt er bereits die extreme Form der Hoffnung auf, die das Endzeitliche, die Eschatologie, anschaut, ein Ziel, das der normale Erdenbürger selten in sein Bewußtsein aufnimmt und dessen Inhalt als vornehmster Inhalt menschlichen Hoffens uns von der tätigen Anteilnahme, die wir dem Leben unserer Mitmenschen schulden, „entschuldigt". *Bloch*[31] hat in seinem Entwurf eines „Prinzips Hoffnung" vorwiegend diesen endzeitlichen Gegenstand im Auge, den der Politiker vorzubereiten, der Mensch durch seine Wandlung zum vollkommenen Wesen zu ermöglichen hätte.

Kehren wir zu den Grenzzuständen zurück, in welche Hoffnung übergehen kann. Daß ihr eigentlicher Gegenspieler die Angst ist, davon lasen wir schon. Die Angst aber hat zwei fundamentale Antagonisten – neben der Hoffnung das *Vertrauen*, das doch von Hoffnung völlig verschieden ist. Vertrauen richtet sich auf Personen (oder von Personen gemachte, in ihrer Verläßlichkeit durch sie garantierte Dinge), die unser Leben mitzubestimmen drohen. Vertrauen ist, auch wenn die Ethymologie einen anderen Sinn aufweist, ein Erkenntnisakt, der die Voraussagbarkeit fremden Handelns oder sachlicher Verhältnisse angeht, Hoffnung ist auf Zukunft ebenso gerichtet wie Vertrauen, aber Hoffnung bleibt in der Ungewißheit der Erwartung, die gerade das Unwahrscheinliche als Glück mit umschließt. Ihr Grundcharakter ist „thymologisch", betrifft das Gemüt, die „Stimmung"[32], Vertrauen gründet sich auf die Gewißheit der Vorhersagbarkeit und hat also einen erkenntnistheoretischen Hintergrund. Vertrauen freilich bedarf, wie uns die moderne Entwicklungspsychologie gelehrt hat, einer emotional getönten Eigenschaft, die wir zu den Grundeigenschaften menschlichen Empfindens zählen: dem Urvertrauen oder Grundvertrauen[33], das sich nicht bilden kann ohne bestimmte Formen frühkindlicher Erfahrung. Wir wollen diese komplizierten Verhältnisse hier nicht gesondert erörtern[34].

Die Tatsache, daß starke Wirkungen auf Leib und Seele aus dem Glauben an Gott, an seine Allmacht und an seine Gnadenerweise fließen, Wirkungen, die sich insbesondere durch die sogenannten Wunderheilungen kundtun, gibt zu einer Verwechslung der Begriffe Anlaß, so als ob es der Glauben sei, der diese emotionalen Wirkungen auslöse.

Nun ist das, was man in Philosophie und Theologie gemeinhin unter Glauben versteht, primär bei fast allen Autoren relativ einheitlich definiert: Glauben ist das „Fürwahrhalten“ einer Mitteilung, die von einer Informationsquelle ausgeht, der man „Glauben schenkt“. Glauben ist ein zunächst rationaler, kein emotionaler Akt, hat also mit der Einsicht in Sachverhalte zu tun[35]. Niemand kann alle erkennbaren Sachverhalte selber erkennen. Jedermann, insbesondere der Wissenschaftler, ist auf eine solche Mitteilung fremder Einsichten angewiesen, die er, durch die Glaubwürdigkeit des Informanten dazu veranlaßt, als eigene Einsicht übernimmt. Die Philosophie des Glaubens ist in Theologie und Naturwissenschaft erstaunlich konform, wie z. B. die Darstellung des Glaubensbegriffs der thomasischen Theologie durch *Pieper* zeigt, die auch ein Naturwissenschaftler hätte schreiben können[36].

Insbesondere die katholische Theologie betont nun nachdrücklich, daß der Akt des Glaubens primär ein rationaler Akt ist, der zwar die Autorität eines glaubwürdigen Informationsübermittlers voraussetzt, aber eine „Offenbarung“ übermittelt.

So geht auch *Jaspers*[37] von diesem rationalen Element des Glaubens aus. Die theologische Deutung des Glaubens zielt aber ebensosehr auf das Element des Vertrauens, das alle erkenntnistheoretischen oder voluntaristischen Ansätze des Glaubens (Glauben an eine Offenbarung als Willensakt) übersteigt[38]. In diesem „Vertrauen“ des Glaubenden ist dennoch, wie wir schon ausführten, nicht primär das Element der Hoffnung enthalten. Wenn aber im Praktischen Wörterbuch der Pastoral-Anthropologie nachzulesen ist[39], daß der Glaube im „Vollzug personalen Seins“ bestehe, mit dem der Mensch sein Verhältnis zu anderen Menschen, zur Welt und zu Gott bestimmt, so wird ein umfassender Begriff des Glaubens deutlich, der ein emotionales Element gleichsam zufälligerweise dadurch erhält, daß der Glaubende sich mit „*Gewißheit*"[40] einer höheren Macht anheimgibt. Hoffnung fließt in diese Glaubenshaltung dann dadurch ein, daß die persönliche Not der höheren Macht anempfohlen wird, indem man von ihr, die als gewißlich helfend gedacht wird, Linderung dieser Not erhofft. Erst jetzt nimmt dann der Glaubende, übrigens unterschiedslos zum „Ungläubigen", die Haltung des Hoffenden ein, mit um so höherer Gewißheit, je unbedingter der Glaube an die personale Beziehung zu jener höheren Macht ist. Es wäre jedoch eine sachlich völlig unhaltbare Argumentation, wollten wir die aus dem Glauben entspringenden seelischen Kräfte bereits mit diesem identifizieren[41].

Was der Glaube dann indirekt bewirkt, so wie es zum Beispiel das Neue Testament in Christi Wort ausdrückt: „Dein Glaube hat dir geholfen", das ist die hohe Sicherheit, daß eine Hoffnung sich erfülle. Hoffnung ist zwar immer mit dem Kennzeichen der Ungewißheit verbunden. Je mehr aber der Hoffende zu wissen glaubt, daß er nicht vergebens hofft, daß also seine Hoffnung nicht „zuschanden" werde, desto stärker setzt sich solche Hoffnung auch in somatische Folgen um. Daß diese Umsetzung durch Emotion erfolgt, ergibt sich aus der Natur fast jeder psychosomatischen oder psychophysiologischen Reaktion. Solche Reaktionen gehen in der Regel mit der Auslösung von Gefühlen einher.

Die Praxis der Suggestion und Hypnose zeigt uns dann, daß die sichere Erwartungsvorstellung vom Eintritt körperlicher Veränderungen diese auch auslöst, eine Tatsache, die sich an dem bekannten Experiment belegen läßt, daß man eine Brandblase erzeugen kann, wenn man die Haut mit einem kalten Eisen unter der Suggestion berührt, daß es sich um ein glühendes Eisen handle[42]. Für die Tatsache der psychogenen Auslösbarkeit durch Erwartungsvorstellungen körperlicher Phänomene gibt es eine erdrückende und unbezweifelbare Dokumentation[43]. Der Glaube, der solche Effekte bewirkt, bedarf also der emotionalen Unterstützung durch die Erwartung, die sich (wie bei den „Wunderheilungen") bis zur Gewißheit steigert (vgl.

Kapitel 2.7). Das Grundelement dieser Emotion ist aber eher mit Hoffnung, nicht mit Glaube im theologisch-philosophischen Sinn, verkoppelt, wenn die Erwartung zugleich „erhofft" wird, d. h. eine Wohltat für den Erwartenden darstellt. Tut sie das nicht, so erscheint die Erwartung unter dem Aspekt der Angst.

In ihrer Verwobenheit mit dem Glauben erscheint uns also Hoffnung als eine, sich selber ungewisse, Erwartung an das vom Glauben Verheißene. Je mehr sich der Glaube in der Gewißheit der durch ihn bewirkten Führung durchsetzt, desto mehr verliert die Hoffnung in diesem Akt des Gewißwerdens ihren spezifischen Charakter.

4.7 Bestand und Veränderung

Wie sich insbesondere im folgenden zeigen wird, ist unsere Analyse der Hoffnung wesentlich an der Annahme orientiert, daß Hoffnung sich auf wünschbare Veränderungen richte.

Nun könnte man aus der Sprache schließen, daß sich unsere Hoffnungen auch auf den Bestand des Vorhandenen richten, wie z. B. auf den Frieden hoffen, daß mithin dem Verlust der Hoffnung auf Frieden die unabwendbar scheinende Bedrohung von außen zugrunde liegt. Dementsprechend mögen wir (wenn wir im befriedigten Zustand leben) die Hoffnung auf den Bestand des Friedens haben.

Mir liegt nun daran, in diesem Zusammenhang zunächst eine elementare ärztliche Erfahrung vorzubringen. Weder entwikkelt sich (seltene Ausnahmen nicht gerechnet) Angst an der Möglichkeit äußerer Katastrophen, noch treibt uns das Ziel der Erhaltung von Zuständen zu eigenem Handeln an, erleichtert nicht einmal sonderlich die Motivation zu Handlungen, welche das Bestehende nur erhalten. Wir empfinden diese Behauptung zunächst scheinbar paradox. Doch lehrt uns nicht nur die historische, sondern noch mehr die ärztliche Erfahrung, daß die Erhaltung des Bestehenden erst dann ein Motiv für uns wird, wenn durch den Verfall des Bestehenden ein Leidensdruck zu seiner Rettung erzeugt wird. Aus diesem Prinzip allein erklärt sich die Grundstimmung, die hinter weltgeschichtlichen Entwicklungen steht. (Vgl. Kapitel 4.10.)

Es ließen sich an diese Tatsache Betrachtungen über weltgeschichtliche Entwicklungen anknüpfen, die den älteren Lesern noch aus ihrer eigenen Lebensgeschichte einsehbar sein dürften. In der gemeinsamen Gefahr entstand Angst meist erst dann, wenn die Katastrophe eingetreten war, z. B. die Bomben fielen. Die gemeinsame Bedrohung dagegen erzeugt ein Gefühl der Solidarität, das beruhigend wirkt. Zwar gibt es neurotische Personen, die auch in der gemeinsamen Gefahr mit allen Zeichen panischer Angst reagieren. Das Bewußtsein jedoch, daß jedermann in der Gemeinschaft ein gleiches Schicksal droht, wendet die Panik zunächst ab. Sie bricht erst aus, wenn die notwendige Lebensrettung durch die schon eingetretene Katastrophe alle vitalen Kräfte zur Tätigkeit aufruft, z. B. beim Ausbrechen eines Brandes in einem Theater[44].

Die „tödliche" Angst, die z. B. den Herzinfarkt hervorrufen kann, entsteht auf eine offenbar ganz andere Weise. Ihre kausale Grundstruktur ist die soziale Bedrohung, d. h. die Isolierung von der Solidargemeinschaft, der Verlust der sozialen Geltung[45] bis hin zur Ächtung und damit auch zur Bedrohung durch den sozial bedingten ökonomischen Untergang. Diese Formen der Angst scheinen andere physiologische Reflexe auszulösen als jene mit hoher Aktivität einhergehende Angst der Panik, in der man den Tod zwar durch Niedertrampeln, weit seltener aber durch einen Herzinfarkt erleidet.

So sind also die großen weltgeschichtlichen Massenphänomene durch die Angst der in ihnen agierenden Individuen kaum zu steuern, sicher nicht zu kontrollieren. Das lehrten uns auch die weltgeschichtlichen Betrachtungen *Carl Jakob Burckhardts:* es sind Emporstrebene, die Ideale verwirklichen wollen, welche die Krisen anstacheln und manipulieren. Sie handeln aus großen Motiven, folgen einem „brillanten Narrenspiel der Hoffnung"[46], das sich auf große Gruppen der Bevölkerung überträgt, wie es uns Älteren noch aus den Anfangszeiten des Hitler-Reiches erinnerlich ist. Es wird uns deutlich, daß die Gemeinschaft der Menschen, erst recht eine „Gemeinschaft der Heiligen", eine alle anderen historischen Kräfte überragende

Gewalt über das Individuum gewinnen könnte und daß in der realen Gefahr das Gefühl der Solidarität allein schon den Aufruhr der Angst dämpft, wenn nicht beseitigt. So jedenfalls gilt es für die große Masse der Menschen, deren Einsicht begrenzt ist.

Nun könnten wir den Formalismus unseres Gedankengangs ohne Schwierigkeit mit folgender Überlegung bestätigen. Die Hoffnung auf Bestand scheint immer nur dann in unserem Bewußtsein auf, wenn dieser Bestand gefährdet ist. Unsere Hoffnung richtet sich also dennoch darauf, daß etwas geschieht, was dieser Gefährdung entgegenwirkt. Ohne die Drohung der Veränderung entsteht weder die Angst vor ihr noch die Hoffnung darauf, der Grund der Angst möge sich verflüchtigen.

Was immer wir dazu sagen mögen: das Bestehende an sich ist nicht Gegenstand unserer Emotion, solange wir das Bestehende als wünschbar, d.h. im Wortsinn als „Wohlstand" empfinden. Im Wohlstand bildet sich Angst nicht, und der Hoffnung bedarf es nicht. Wohlstand ist die eigentliche Quelle der Acedia, eine Tatsache, die einzusehen uns unsere derzeitige politische Welt allen Anlaß gibt.

In diesem Zusammenhang erscheint auch die paradoxe Tatsache etwas verständlicher, daß die Selbstmordziffern sich umgekehrt zum Wohlstand verhalten: sie sind maximal hoch in Nationen mit extrem hohem Pro-Kopf-Einkommen der Bevölkerung, steigen auch in diesen Nationen bei steigendem Wohlstand eher an, als daß sie sinken[47]. In Notzeiten ist die Selbstmordrate immer extrem niedrig, im Kriege zum Beispiel, und zwar sowohl bei der kämpfenden Truppe als auch in der Zivilbevölkerung. Natürlich ist der Selbstmord ein äußerst komplex begründeter Vorgang, aber die Sättigung einerseits, die extreme Hoffnungslosigkeit in einer individuellen Situation andererseits stehen mit an seiner Wurzel[48].

In einem bescheidenen Vorstadium erleben wir das Phänomen der Leere und des sinkenden Antriebs bereits in dem, was ich die „*Stimmungsermüdung*" genannt habe[49]. Wenn uns keine Hoffnung auf ein nahes Ziel belebt, werden wir schläfrig, und unser Blutdruck sinkt. Jede uns treffende Anregung, die uns emotional berührt, macht uns nicht nur sofort wach, sondern stimuliert das ganze vegetative Nervensystem.

Um also auf den Gegensatz von Bestand oder Veränderung als Gegenstand der Hoffnung zurückzukommen: auch in diesem Gegensatz bestätigt sich, daß das Bestehende nur angesichts seiner drohenden Veränderung ein Gegenstand der Hoffnung, freilich ebenso auch der Angst, wird.

4.8 Hoffnung als Quelle der Gesundheit

Der Arzt hat also vermutlich einiges zur Hoffnung zu sagen. Leider ist seine Information hier nicht so klar wie bei der Angst, die sich in vielen Untersuchungen als Krankheitsfaktor hat erweisen lassen. Aber während die Angst als solche erlebt wird und sich selbst beim Tier leicht feststellen läßt, da sie meist rasch entsteht und verschwindet, hat die Hoffnung ein völlig anderes Erscheinungsmuster: Sie wird nicht selbst, sondern nur als ihr Mangel, als Hoffnungslosigkeit, dramatisch erlebt; Hoffnung füllt zwar weite Bezirke unseres Lebens aus, bleibt aber in der Tiefe der Seele verborgen und wirkt auf eine unmerkliche Art. Ihr Schwinden in der hoffnungslosen Situation wird dann auf eine Weise erlebt, welche die Wirkung der Hoffnung eher maskiert als verdeutlicht. Hoffnungslosigkeit ist in der Tat, so lehrt uns ein bedeutender Arzt[50], ein Affekt, der für eine Reihe möglicher Folgen ein Signal setzt, als Zeichen des Aufgebens, der Resignation, des Verlustes an Antrieb, dessen enge Verflechtung mit körperlicher Krankheit wir seit langem kennen. Colitis ulcerosa (eine sehr schwere geschwürige Erkrankung des Dickdarms), bestimmte Formen der Zuckerkrankheit und mit hoher Wahrscheinlichkeit Krebs, dies sind einige von vielen Krankheiten, die mit Hoffnungslosigkeit mindestens zusammenhängen, wenngleich wir kein Modell dafür haben, das diesen Zusammenhang befriedigend erklärt[51].

Die Hoffnungslosigkeit wirft damit ein neues Licht auf das Wesen der Hoffnung. Im Zustande der Hoffnungslosigkeit sind wir „deprimiert“, d. h., unsere Antriebe sind unterdrückt, wir sehen keinen Grund mehr, tätig zu sein. Unsere Existenz ist sinnlos geworden, unser Tun nutzlos. Depression ist, gerade auch biologisch betrachtet, die stärkste Hemmkraft der vitalen Funktionen, die wir kennen.

Was Hoffnung, als Überwinderin der Depression, vermag, das erfährt der Arzt immer dann, wenn es ihm gelingt, in schwerer Krankheit Hoffnung zu erwecken. Ein Beispiel hiervon lernten wir bereits auf der ersten Seite dieses Buches kennen: den Bericht eines Krankenhauschefs, der einigen schwer kranken Patienten die Hoffnung machte, von einem sogenannten Fernheiler mit wundersamen Kräften behandelt zu werden[52]. Die Wunderheilungen in Lourdes, durchaus glaubwürdig bezeugt, künden uns von der gleichen Heilkraft der Hoffnung[53].

Dennoch meine ich dies alles nicht, wenn ich von der Hoffnung als einem zentralen Problem der menschlichen Existenz, von ihrer Notwendigkeit, spreche. Hoffnung ist mehr als eine Kraft, die in schwerer körperlicher Not einen Heilungsweg eröffnet. Was sie ist, kann aus einer anderen naturwissenschaftlichen Analyse deutlicher werden, die nicht von der Krankheit, sondern von der Physiologie, und zwar den Erscheinungen des normalen Alltags, ausgeht.

Wir beginnen mit der Frage nach der Kraft, welche uns zu unserem täglichen Handeln antreibt. Fraglos entstammt sie oft, wenn nicht meistens der Notwendigkeit, durch Leistungen unseren Lebensunterhalt zu verdienen. Wir antworten auf solche sozialen Forderungen mit Tätigkeit. Zwar hören mit Ende der Arbeitszeit solche Forderungen auf, wirksam zu sein, doch dann tritt die Familie, treten Freunde oder Hobbies an die Stelle der beruflichen Anforderung. Sind wir aber wirklich immer nur von außen angetrieben? Wie wollen wir, wenn wir uns auf eine solche reflektorische Handlungstheorie beschränken, also alles Tun als ein angefordertes und antwortendes Tun betrachten, wie wollen wir dann Tätigkeiten erklären, welche spontan, ohne Forderung von außen, entstehen, Unternehmungen, zu denen wir nicht verpflichtet sind, die uns aber Freude bereiten? Wie wollen wir unsere zeitweilige Unlust, überhaupt etwas zu tun, erklären? Wie den Zustand der Depression, in welchem der von ihr befallene Mensch auch seine sozialen Pflichten vernachlässigt?

Wir wissen aus der Physiologie unseres Nervensystems, daß in bestimmten Teilen desselben ständig Erregungen scheinbar spontan entstehen, welche keinesfalls eine Antwort auf etwas darstellen, was vorher von außen, über unsere Sinnesorgane, in dieses Nervensystem eingeströmt ist. Mit sozialen Forderungen können sie also nichts zu tun haben. Natürlich gibt es keine wirklich „spontanen" Phänomene: Alles, was geschieht, geschieht aus einem zureichenden Grunde. Welches sind also die Gründe, die scheinbar spontane Tätigkeit entstehen lassen und einen Menschen auch dann aktiv erhalten, wenn er eigentlich ohne neue Aufgaben, nach getaner Arbeit, müßig in einer Ecke sitzen könnte?

Wir bezeichnen diese geheimnisvolle Kraft mit verschiedenen Namen. Der Verhaltensforscher spricht vom Antrieb, der Physiologe von einer Weckreaktion, der Neurologe von Erregungszuständen in Gehirnzellen, der Biochemiker von hormonalen Prozessen, der Psychologe von Interesse und Motivation, welche in bestimmten Hirnteilen Erregungen entstehen lassen. Alle diese Vorgänge gehören zu dem, was wir oben schon als „zentralen Erregungszustand" kennenlernten.

4.9 Grundbefindlichkeiten

Nun werden wir zu diesen Tatsachen, mit deren Aufklärung ich mich jahrzehntelang beschäftigt habe[54], dennoch einige unbequeme Fragen stellen. Nichts, so stellten wir soeben fest, geschieht ohne zureichenden Grund. Es gibt keine echte Spontaneität. Wo also kommen die Erregungen des Sympathikus her? Die Frage hat bis heute eine *exakte* Antwort noch nicht gefunden. Aber man hat wahrscheinliche Annahmen über die Herkunft des Erregers gemacht. Letztlich sind es jene aus der Selbstbeobachtung uns allen wohlbekannten Vorgänge, daß in unserem Bewußtsein etwas auftaucht, das uns aufregt, uns zur Erledigung drängt, uns so interessiert, daß wir über dem Denken, Planen oder Handeln den Schlaf nicht finden. Es sind Gedanken, die mit unserer Existenz zu tun haben.

Gehen wir z. B. vom Zustande der Antriebslosigkeit aus. Ein depressiv gestimmter Mensch kann nur mit Mühe zu einer Tätigkeit gebracht werden. Am liebsten tut er nichts, bemäntelt seine Untätigkeit mit Müdigkeit, und, obwohl wir nicht in sein Innerstes sehen können, gibt es gute Gründe für die Annahme, daß er wirklich müde ist. Wir erwähnten schon die Stimmungsermüdungen, ohne voraufgehende Leistungen, die aus der Apathie, dem Mangel an Interesse, stammen (s. Anm. 49). Wir alle kennen solche Phasen der völligen Unlust von uns selbst. Aus solcher Apathie reißt uns jedes in unseren Gesichtskreis auftauchende Projekt, das uns interessiert, heraus. Apathie dieser Art ist ein Nichts, ist nicht einmal Ablehnung, die aus der vermeintlichen Einsicht stammt, es sei doch all unser Tun sinnlos.

Neben dieser Nicht-Befindlichkeit der Apathie und der ablehnenden Befindlichkeit der Depression gibt es nun zwei positiv getönte, also zur Tätigkeit drängende, Grundbefindlichkeiten: die Sorge oder die Angst einerseits, die Hoffnung andererseits. Angst ist, so meint *Martin Heidegger*[55], eine Grundbefindlichkeit des Menschen, aus der die Sorge fließt. Grundbefindlichkeit – das ist hier ein Ausdruck für jene innere Stimme, die in unserem Bewußtsein auftaucht, wenn alle konkreten äußeren Anlässe des Empfindens, Denkens, Handelns, kurz des „Reagierens", ausgeschlossen sind. Darin stimmen wir also mit *Heidegger* überein, selbst wenn unsere Ansicht über „Angst" etwas differenzierter ist. (Vgl. Kapitel 4.7).

Es ist die Welt, die im Tagtraum, erst recht im Traume der Nacht, in der Ruhe völliger Abgeschlossenheit, sich vordrängt, und die doch ständig in uns lebendig ist und unsere Stimmungen, unsere Handlungen und unsere Gedanken bestimmt. Wenn uns in einer nachdenklichen Minute ein Blick in diese unsere Innenwelt gelingt, gewahren wir Sorge und Hoffnung als die beiden uns lenkenden Kräfte.

Wir wollen Angst und Sorge nun außer Betracht lassen. Sie sind nicht jenes die Not wendende Mittel, das uns in den Stand setzt, jener „arbeitende, schaffende, die Gegebenheiten umbildende und überholende Mensch zu werden", der unsere Erde heimatlich macht[56]. Dieses kann nur die Hoffnung. Hoffnung haben bedeutet: Einsicht darin haben, daß etwas Neues kommen wird, das für uns gut ist, an dem wir mithelfen können, und sei es auch nur, daß wir an ihm mitgenießen. Wir dürften annehmen, daß diese Grundbefindlichkeiten der Hoffnung etwas mit jener „Drangmacht" des Eros zu tun hat, wie sie die alten Griechen verstanden: eine Macht, die uns unserer Umwelt gegenüber in den Zustand der Annäherung, der Bejahung, der Begehrlichkeit versetzt und den Antrieb zur Erlangung solcher Güter, zur Realisierung solcher Wünschbarkeiten erzeugt[57].

Wir haben mit diesen physiologischen Analysen dem vierten Punkt unserer methodischen Einleitung entsprochen. Es rundet sich angesichts dieser Tatsachen das Bild von einem Phänomen ab, das für die Tätigkeit und das leibliche Wohl des Menschen und seiner Organe von zentraler Bedeutung ist, dessen Entsprechungen im Reich des Geistes dennoch unbestimmt bleiben müssen. Die Beziehungen zwischen Leib und Geist, Gehirn und Seele, sind ja in keiner naturphilosophischen Analyse bisher im Prinzip über den klassischen Ansatz des alten sogenannten psycho-physischen Parallelismus hinausgekommen, wie wir oben darlegten (Kapitel 2.3). Was gelungen ist, das ist eine Verfeinerung der Darstellung auf beiden Seiten der psycho-physischen Korrelation. Dennoch bleibt jede Theorie bei der Annahme, daß die Entsprechungen von Gehirn und Seele eine Abhängigkeit voneinander aufweisen, die nirgends in ein „Strukturmodell" übersetzbar ist.

Es ist also verständlich, daß der Geisteswissenschaftler das Gefühl des Unbefriedigtseins angesichts dieser Analyse nicht verlieren wird. Ihr Zweck war nur zu zeigen, daß es im Bereich der Physiologie, Medizin und Klinik Erscheinungen gibt, deren innigen phänomenalen Zusammenhang mit dem, was wir gemeinhin Hoffnung nennen, man nicht leugnen kann.

Es bleibt jedermann unbenommen, den phänomenalen Bereich auf der nur subjektiv analysierbaren Seite dieses psychophysischen Korrelationssystems, das wir bislang Hoffnung genannt haben, zu erweitern. Es gibt nirgends eine Verbotstafel, diesem Bereich, den wir analysierten, andere Phänomene zuzurechnen, welche einige der hier dargelegten Grundbedingungen nicht mehr erfüllen, die z. B. nicht mehr den für unsere Betrachtung fundamentalen Charakter der Aktivierung, und damit der Hilfe in existentiellen Schwierigkeiten, bieten. Es müßte dann nur ein Grund aufgewiesen werden, dem Ordnungssystem psychologischer Daten entstammend, warum diese Phänomene mit in den Bereich „Hoffnung" einbezogen werden.

Unsere Darstellung widersetzt sich aber nicht der Annahme von Grenzphänomenen, die sich nur schwer von dem, was wir bislang als Hoffnung beschrieben haben, absetzen lassen. Insbesondere kehren wir nochmals zu unserer einleitenden Bemerkung zurück, daß Hoffnung phänomenal von der Struktur der jeweiligen individuellen Erfahrung abhängt, und daß unser Versuch von den Phänomenen des Durchschnittsmenschen ausgeht, von medizinischer Erfahrung an dem, was man „normal" im statistischen Sinn nennen darf, daß aber beim geistig extrem Begabten die gleiche „Maschinerie der Hoffnung", wenn ich so naturwissenschaftlich sprechen darf, ganz andere Phänomene bewirkt und in anderen Zusammenhängen operiert. Wir wollen abschließend den Versuch machen, die Naturwissenschaft nur noch gelegentlich zu benutzen und die Möglichkeiten einer solchen Grenzerweiterung abzutasten.

4.10 Die Wege der Hoffnung

Was über die Welt der Hoffnung zu sagen möglich ist, ist eine Mischung von Selbsterfahrung, Theorie und Spekulation. Die Theorie sagt uns, daß die Gegenstände der Hoffnung zunächst und zumeist von außen bestimmt sind, manipuliert durch die religiösen oder politischen Repräsentanten unserer Gesellschaft. Sie formen durch Vorbilder, Mahnungen, Lob und Strafe, vor allem aber durch große Systeme von Erwartungsinhalten, unsere Wünsche und Soll-Vorstellungen, und geben damit unserer Hoffnung den Rahmen, innerhalb dessen sich jedes Individuum eine eigene Zukunft, eine eigene Rolle erträumt. Solche Hoffnungen hängen eng mit dem Glauben zusammen, den das Individuum an die Verheißungen der Führungsschicht, insbesondere religiöser Führer, entwickelt. Je absoluter diese Führung spricht und handelt, desto leichter fällt es dem in Abhängigkeit denkenden Einzelnen, sich dem Glauben an diese Führungsmächte bedingungslos hinzugeben. Wir sollten nicht meinen, daß in unserer Demokratie solche Manipulationen fehlten. Wir geben unseren Bürgern Hoffnungen nur auf eine unmerkliche Weise ein, wenn wir von Freiheit, von Wachstum und Fortschritt, von der Befreiung von Streß, von Humanisierung reden, Ideale, unter denen man sich Beliebiges denken kann und jeder das denkt, was ihm sein eigenes Leben verschönern hilft.

Es ist das Geheimnis des Erfolges einer diktatorischen politischen Führung, Hoffnungen auf eine direktere, gleichsam brutalere Weise zu erzeugen. Die Mentalität der Bürger im Dritten Reich war ein experimentelles Paradestück solcher Manipulation, wenn der nahe Sieg oder eine Welt, in der niemand frieren und hungern sollte, verheißen wurden. Wir finden in der Weltgeschichte diese gewaltigen Aktivierungen menschlicher Tatkraft gerade bei jungen Völkern, die im Begriff sind, sich eine neue gesellschaftliche Struktur zu geben, ihren Machtbereich zu erweitern, sich neues Land zu erobern, fremde Kulturen untertan zu machen. Der Siegeszug der Germanen nach Christi Geburt war von solcher Art, insbesondere aber die gewaltige Expansion des Arabertums mohammedanischen Glaubens. Dieser Glaube verhieß damals nicht nur die Beherrschung der irdischen Güter. Er verheißt noch heute dem, der im Kampfe fällt, die Seligkeiten eines Jenseits mit allen Freuden, die uns das Diesseits vorenthielt, und unter denen die Huris, die „liebevollen Altersgenossinnen" und ewigen Jungfrauen, nicht gerade die geringste Rolle spielten[58]. Hoffnung ist die größte politische Kraft, die wir kennen.

Gegen diese von außen bestimmte Hoffnung, welche die Erwartungshorizonte der in einer Kultur lebenden Menschen bestimmt, steht nun eine andere Hoffnung auf, die sich insbesondere der geniale Mensch selber aus seiner eigenen Einsicht der Welt und meist gegen die manipulierenden Meinungsmacher bildet. Er erkundet Chancen und Widerstände, um sich ein Leitbild seiner Zukunft zu zimmern. Er erkennt das der Masse der Menschen noch Verborgene. Aber ohne die Hoffnung, daß seine Gesichte und seine Erwartungen sich verwirklichen werden, lebt auch das Genie nicht.

Hierzu könnten wir viele Beispiele zitieren. „Es scheint“ – so schrieb *Goethe* an *Reinhard* 1807 – „daß die menschliche Natur eine völlige Resignation nicht allzu lange ertragen kann. Die Hoffnung muß wieder eintreten, und dann kommt ja auch sogleich die Tätigkeit wieder ...“ [59]. „Die Hoffnung ist bei den Lebendigen“, so heißt es in einem Brief *Goethes* an Frau *von Stein* (8. 6. 1787), „ohne Hoffnung sind die Toten.“ Und *Schiller,* leicht spottend, meint in seinem Gedicht „Hoffnung“ von dem Durchschnittsmenschen, er hoffe „immer Verbesserung. Die Hoffnung führt ihn ins Leben ein, sie wird mit dem Greis nicht begraben.“ *Nietzsche* aber, der große Verächter der Ideale, schreibt im Antichristen: „Die starke Hoffnung ist ein viel größeres Stimulans des Lebens als irgendein einzelnes, wirklich eintretendes Glück“ [60], meint dann aber sogleich, wegen der Fähigkeit, den Unglücklichen hinzuhalten, habe die Hoffnung bei den Griechen (und wohl auch bei ihm selbst) als Übel der Übel gegolten. Und doch sprach auch er im Zarathustra (in „Die Begrüßung“) von „allen, die nicht leben wollen, oder sie lernen wieder hoffen –“ [61].

Seltsam, daß so gewichtige Ansichten über die Hoffnung sich im wissenschaftlichen Raum so wenig reflektiert finden. Die Lehrbücher der Psychologie für Mediziner behandeln tausend belanglose Sachen, wie Lernprozesse, Reflexe, Informationstheorien, aber von der Hoffnung sagen sie nichts. Der Wissenschaftler ist, wie es scheint, jemand, der von der Hoffnung nichts weiß. Sie ist ein Gegenstand der Dichter. Wir wollen zur Entschuldigung freilich zugeben, daß unsere Kenntnisse dieses Elementarvorgangs der menschlichen Seele dunkel sind – ähnlich dunkel wie unser Wissen vom Traum. Hoffnung steht zu sehr ganz unten an der Wurzel alles seelischen Erlebens und steigt in unser Bewußtsein nur empor, wenn aus der Hoffnung etwas Sichtbares entströmt, wenn Hoffnung uns Ziele weist.

Solches Hoffen, das uns zu Zielen antreibt, ist zugleich immer eine Bereitschaft zum Wagnis. Der Wagende ist hier wiederum für den noch zweifelnden Mitmenschen die Quelle seiner Hoffnung. Während der Hoffnungslose, ins Extreme der Resignation abgleitend, erkrankt, Schwindel, Ermattung, Ekel, Erbrechen erleidet, so daß die Welt ihm wirklich „zum Kotzen" wird[62], ja selbst der Säugling, dem seine Eltern zuwenig Liebe schenken, im Zustand solcher Deprivation antriebslos, wenn nicht gar krank wird, ist der Mensch, der von Hoffnung geschwellt ist, der ein Grundvertrauen in die soziale Umwelt entwickelt hat (vgl. Anm. 33), ein Tätiger, einer, der alle Schwierigkeiten meistert und sich zum Führer seiner Gruppe, zum Lehrmeister der Zweifelnden aufschwingt. Lust am Wagnis und Angeklammertsein an die Angst, das sind die Extreme menschlichen Grundbefindens[63]. Der Wagende ist immer auch ein Hoffender, dessen Hoffnung sich durch den Erfolg seines Handelns bestätigt. Hoffnung steckt an, breitet sich aus, ebenso wie Hoffnungslosigkeit. Der Hoffende erzeugt bei den Zweifelnden den Glauben an die Verläßlichkeit seines Hoffens. Er wird der Prophet einer neuen Welt. Hoffnung ist mehr als bloßes Gefühl; sie ist Motor und Garantie schlechtweg der Lebensbewältigung. Wer ohne Hoffnung lebt, ist schon (geistig) tot, wie wir soeben von *Goethe* hörten. Wer nichts mehr zu hoffen hat, der achtet sein Leben nicht. Die paradoxe Erfahrung, daß in Zeiten des Wohlstands die Selbstmordhäufigkeit ansteigt, ist hierfür ein Beweis: Der Mensch, der alles Erreichbare erreicht hat, sieht keinen Sinn mehr in seinem Leben. Der Sinn unseres Lebens wird uns nur in unseren Hoffnungen deutlich. Ohne Hoffnung ist Leben allein durch seine Opferung sinnvoll, und auch das nur, solange die letzte Hoffnung noch gilt, das Opfer unserer Existenz könne Umkehr durch ein neues Bewußtsein bei denen wecken, die seine Zeugen sind.

4.11 Gesellschaftliche und transzendentale Hoffnung

Wenn Hoffnung zu den Notwendigkeiten menschlicher Existenz schlechthin gehört, wenn Hoffnungslosigkeit die Menschen unserer Zeit in besonderem Maß bedroht, dann entsteht die Frage an den, der von Hoffnung redet, wie man sie erzeugen kann und woran sie zuschanden wird. Es würde hier zu weit führen, den Beweis dafür zu führen, daß die Eigenschaft, hoffen zu können, dem Menschen angeboren ist. Will er tätig sein, so ist Hoffen für ihn eine der Voraussetzungen seines Tuns; will er leben, so ist Hoffnung eine der Bedingungen seiner Existenz: ohne Hoffnung würde z. B. sein Kreislauf versagen, er würde sterben. Es ist glaubhaft berichtet, daß Afrikaner, die ein Tabu übertreten haben, ihre Lage für hoffnungslos ansehen und deshalb einen rasch eintretenden Tod erleiden[64]. Auch das Beutetier, das, vom Feind ergriffen, keine Chance mehr sieht, also keine Hoffnung mehr hat, verliert das Bewußtsein und stirbt. (Vgl. Kapitel 2.7.)

Die Hoffnung des Menschen ist aber mehr als die Chance des Überlebens. Ihm, dem Menschen, sind höhere Möglichkeiten in seinen Erbanlagen gesetzt. Für ihn sind es zunächst die Erwartungen, in seiner mitmenschlichen Gesellschaft eine Rolle zu spielen, die ihn mit größter Hoffnung erfüllen. In dieser seinem Erbgut eingeprägten Eigenschaft liegt die Berechtigung zu dem Ausspruch des Aristoteles, der Mensch sei ein Gesellschaftswesen, ein Zoon politikon. Er kann in der Regel nur dadurch, daß er hoffen darf, in seiner Gesellschaft eine befriedigende Rolle zu spielen, Leistungen vollbringen.

Nun mag es manchem Leser schwer eingehen, wenn hier der Hoffnung auf die gesellschaftliche Geltung und Rolle eine so bevorzugte Stellung eingeräumt wird. Wir wollen daher diese gesellschaftlich orientierte Rolle in den Kontext der Gegenstände unserer Hoffnung einordnen und abschließend eine Form der Hoffnung behandeln, die für den Menschen in einer besonderen Not, wenn alle andere Hoffnung versagt, die entscheidende Rolle spielt: seine auf das „Jenseitige“ (Transzendente) gerichtete Hoffnung. Sie ist die dritte, und im humanistischen Sinn höchste Stufe der Hoffnung, deren zwei niedere Stufen die Hoffnung auf personale Veränderungen und auf Veränderungen der personalen Situation in der Gesellschaft sind, wie wir das oben schon darlegten. Die erste Stufe hat mit den unmittelbaren Bedürfnissen des Menschen zu tun: sie reicht von den einfachsten Dingen des Alltags (Ende der Mühe, Genuß, Feier) bis zu den Hoffnungen auf eine Besserung all dessen, was noch nicht befriedigt ist: materieller Wohlstand und Gesundheit sind ihre markanten Gegenstände, ihre häufigste Form die „freudige Erwartung", die bereits alle physiologischen und psychologischen Kriterien der Hoffnung erfüllt. Die zweite Stufe bezieht sich auf die gesellschaftliche Situation. Alle Befragungen von Menschen in noch nicht befriedigter Lage sprechen von besserer Anerkennung, höherer Position, besseren Kontakten zu Mitmenschen als bevorzugter Stelle ihrer Bedürfnisse. Wir dürfen annehmen, daß diese Ausrichtung menschlicher Emotionalität auf das Gesellschaftliche einer angeborenen Triebstruktur des Menschen entspricht. Es hat sich jedoch in der Entwicklung aller Kulturen der Menschheit eine Form der menschlichen Existenz herausgebildet, welche auch die Befriedigung der persönlichen Bedürfnisse von der gesellschaftlichen Stellung abhängig macht. Was immer an Wohlstand, an Sicherheit für sich selbst und seine Familie, an Chancen für die Befriedigung aller vitalen und kulturellen Bedürfnisse besteht, hängt von der Stellung des Individuums in der Gesellschaft ab, selbst wenn man die bei Herdentieren zu findende Rangordnung für den Menschen in dieser einfachen Form nicht anerkennen wollte[65]. Es gibt nur wenige Bedürfnisse des Menschen, die mit seiner Gesellschaftlichkeit wenig zu tun haben, unter ihnen an erster Stelle Wohlbefinden und Gesundheit, die aber auch beide eine starke gesellschaftliche Bedingtheit aufweisen[66].

Es bedarf aber keiner Frage, daß sich über diesen beiden gleichsam natur- und gesellschaftsbezogenen Bedürfnisformen und den auf ihre Besserung gerichteten Hoffnungen jene dritte Form der Hoffnung findet, die auf Dinge gerichtet ist, welche sich jenseits aller „natürlichen" Prozesse befinden. Für das Schicksal der Menschheit sind sie insofern entscheidend, als es die Kräfte sind, die das Genie in seiner Einsamkeit zu seinen Leistungen beflügeln. Diese Hoffnungen „transzendieren" das Gesellschaftliche. Sie gehören in der Tat im Sinn des philosophischen Wortgebrauchs dem Transzendenten an, sie überschreiten die Möglichkeiten jeder Erfahrung, sowohl in ihrer Beeinflußbarkeit als auch in ihren Zielen. Ich meine hiermit den Bereich des Religiösen, der freilich so weit gefaßt werden muß, daß auch die pseudoreligiösen Phänomene, die der profanen Welt entstammen, mit einbezogen sind.

Solche Hoffnungen haben im weitesten Sinn etwas mit dem „Heil“ des Menschen zu tun. Sie hoffen also auf die Reparatur des Unvollkommenen, Beschädigten und Kranken. Sie gründen sich oft, aber nicht immer, auf „Verheißungen“ einer absoluten Autorität. Sie können, wie gesagt, in so einfache Bereiche hinabreichen, daß das eigene körperliche Heil, die Gesundheit, erhofft wird.

In allen Fällen, in denen ein „Heil“ Gegenstand der Hoffnung ist, ist mit diesem Gegenstand zugleich die „Heilung“, also eine Veränderung zum Guten, gemeint, gleich ob diese Heilung für einen selbst oder für andere erhofft oder (was letztlich dasselbe meint) von Gott erbetet wird. Im Gebet spricht sich, natürlich nicht immer und ausschließlich, so doch in der Mehrzahl der Fälle Hoffnung aus. Heil bedeutet, im extremen Fall, das Heil der Welt, der Menschheit, der Zukunft, und gerade im christlichen Heilsgebet ist der Grundton der Heilung, der Besserung, der Erlösung, einer Zukunft also, welche die Welt näher an ihre Vollendung, näher zu Gott führt, unüberhörbar, gleich ob wir im Unfrieden den Frieden, im Streit die Versöhnung, in der Verderbnis die Rettung erhoffen oder erbitten. Man mag, doch darüber bedürfte es eines eigenen Traktats, die merkwürdige christliche Erfindung des Teufels als die Versinnbildlichung aller Kräfte deuten, die solcher auf das Heil gerichteten Hoffnung entgegenstehen.

Eine solche „diabolische“ Haltung ist zugleich extrem rational und unmenschlich, in dem Sinn, daß alles, was aus der religiösen Sphäre an seelischer Kraft fließt, in der Gefahr steht, auf dem Altar einer Ideologie der Verwissenschaftlichung geopfert zu werden, mit dem Ergebnis, daß der Mensch in den Mittelpunkt der Welt gerückt wird und dort den Platz Gottes einnimmt. Diese Entwicklung ist von *Karol Wojtyla*[67] an Hand der Texte der Genesis meisterhaft beschrieben worden. Das Ende dieser ideologischen Gedankenführung ist dann in der Tat die These *Ludwig Feuerbachs,* es müsse die Menschenliebe an die Stelle der Gottesliebe treten[68]. Der marxistische Atheismus hat sich hieraus folgerichtig entwickelt und beweist mit seiner Praxis, daß die Theorie vom Primat des Menschen von dem Bedürfnis des menschlichen Individuums keine Notiz mehr nehmen kann, aus Gründen, die leicht einsehbar, aber schwer kurz darzustellen sind.

Wir mögen bei unserer Analyse von *Feuerbachs* These ausgehen, die er mit großer Leidenschaft und einer fast ebenso großen Überzeugungskraft vertrat: daß es auf die Menschenliebe ankomme, ein konsequenter Glaube aber immer seine Glaubensinhalte gegen das Menschliche zu vertreten suche. Es ist heute schwer verständlich, wie *Feuerbach* auf so fundamentale Weise diesem Fehlschluß aufsitzen konnte. Es war offenbar sein Blick auf die dogmatisch-rationalen Einseitigkeiten einer religiös sich gebenden Machtpolitik, welcher ihn dazu führte, in der Kirche (und in dem von ihr verkündeten „Glauben") nur das Rationale, die logische Formulierung von Dogmen, zu sehen, welche natürlich gegen den „Ungläubigen" mit beliebiger Härte zur Begründung von Maßregelungen benutzt werden können und benutzt worden sind. Damit stellt *Feuerbach* die dogmatisch-rationale, glaubende Christenheit in denselben unmenschlichen Zusammenhang, in den wir eine einseitig nur am Wissen sich orientierende moderne Welt stellen. Die Kirche aber bekennt heute – jedenfalls durch den Mund ihrer führenden Männer[69] – ausdrücklich, für den Menschen dazusein. Sie hat, wie ich es selbst sehe, nicht zuletzt das Leben der Menschen zu ordnen.

Was nämlich den Irrtum *Feuerbachs* (und zugleich den des Marxismus) ausmacht, liegt in der Frage beschlossen, wer denn die Masse der Menschen zur Menschenliebe verpflichten könne. Eine moderne, schon heute als gescheitert anzusehende Hoffnung ging darauf aus, einer antiautoritären Erziehung eine solche Hinführung zu allgemeiner Menschenliebe als Ergebnis ihrer Menschenbildung zuzutrauen. So sehr *Feuerbach* mit seiner These von der Liebe als oberstem Gebot für menschliches Handeln recht hat, so sehr irrt er, wenn er die Realisierung dieses Gebots einer menschlichen Instanz überläßt, d.h. einer Instanz, welche sich auf nichts anderes als die Gebote von Menschen stützt. Das ist der eigentliche Grund, der die relative

Insuffizienz aller nicht auf das Transzendentale gerichteten gesellschaftlichen Ordnungen bedingt.

4.12 Die Praxis der Hoffnungen

Die Bedürfnisse der beiden ersten Stufen, auf die sich personale und gesellschaftliche Hoffnungen richten, führen zu positiven Forderungen nach Erfüllung im politischen Raum. Gegen sie wird die andere, illusionäre Forderung gesetzt, und oft genug als Surrogat für die beiden anderen Forderungen angeboten, der Mensch solle auf Gott und die Erfüllung seiner Wünsche im „Jenseitigen" hoffen, auf Gottes Gerechtigkeit bauend, und er werde in solcher Hoffnung „nicht zuschanden werden" (Röm 5,5). Das in der Zeitlichkeit nicht auf Erfüllung kontrollierbare Versprechen ewiger Werte, jenseitiger Belohnungen, ist ein unzerstörbarer Teil menschlichen Hoffens und findet sich in fast allen Kulturen der Menschheit.

Wir erleben derzeit im Abendland, wie wir soeben sagten, eine Phase der Destruktion dieser Hoffnungsfähigkeit. Die notwendige Folge dieses Prozesses ist, daß menschliches Hoffen auf die beiden anderen Stufen der Hoffnung zurückfällt und, da die persönliche Glückseligkeit von anderen nur in Form gesellschaftlicher Versprechungen gewährbar ist, versteht es sich von selbst, daß solche gesellschaftlichen Zukunftsbilder an die Stelle der Transzendenz treten müssen.

In einer so säkularisierten transzendentalen Hoffnung bleibt in der Tat nur der Mensch als höchster Wert, dem es zu dienen, auf dessen Verwirklichung und Überhöhung es hinzuarbeiten gilt. Die „Menschheit" wird eine Art Surrogat jeder Transzendenz, was uns dann umgekehrt verständlich macht, warum die transzendentalen menschlichen Gedankensysteme, seien es Religionen oder politische Systeme, die Menschheit so leicht aus den Augen verlieren, selbst wenn sie marxistisch begründet sind. In der Tat ist eine „Verheißung" von eschatologischer Natur in der Menschheitsgeschichte meist eine solche gewesen, welche dem Individuum im Hinweis auf die Transzendenz und ihre Hoffnung „irdische" Rechte belanglos erscheinen läßt, was *Nietzsches* oben schon zitiertes Wort vom Übel der Hoffnung verständlich macht.

Wir verstehen also, wie Marx zu seiner berühmten – und für Christen wie Marxisten korrekten – Feststellung kam, alle Kritik der Religion ende „mit der Lehre, daß der Mensch das höchste Wesen für den Menschen sei“, eine Feststellung, die der Christ nur durch den noch höheren Stellenwert Gottes ergänzt, was aber Marxens Satz in seiner Gültigkeit innerhalb des gesellschaftlichen Lebens nicht antastet. Dann kommen beide, Christen und Marxisten, mit Marx zu der transzendentalen Hoffnung, „dem kategorischen Imperativ, alle Verhältnisse umzuwerfen, in denen der Mensch ein erniedrigtes, ein geknechtetes, ein verlassenes, ein verächtliches Wesen ist“ [70]. Man muß ergänzen: Alle „Verhältnisse“ sollten verändert werden, in denen der Mensch ein Wesen ohne Hoffnung ist, denn, hat er Hoffnung, so findet an ihr jede Knechtschaft eine Grenze. Das haben unter anderen die Märtyrer des Dritten Reiches bewiesen.

Was hier zu fordern ist, läßt sich am einfachsten an Beispielen exemplifizieren. Wir wollen einen vorläufigen Katalog vorlegen, der sicher der Ergänzung, vielleicht gar der Veränderung bedarf, da er, wie alle Angaben des geisteswissenschaftlichen Teils dieser Analyse, nur durch Selbstbetrachtung und eine gewisse ärztliche Erfahrung gewonnen ist.

1. An erster Stelle steht die Hoffnungslosigkeit, die aus der Ausweglosigkeit eines Konfliktes, einer Schuld, also immer einer gesellschaftlichen Bedrohung, fließt. Der Selbstmord so vieler Kinder findet hier seine Erklärung. Es ist die vornehmste Pflicht der Eltern, ihren Kindern, gerade auch in der Situation der Bestrafung, Hoffnung zu erhalten. Für die Schule gilt dasselbe, und natürlich auch für jede Stelle, die über andere Menschen befindet.

2. Angst ist die eigentliche, Hoffnung zerstörende, existentielle Kraft. Wer also Angst erzeugt, zerstört das wesentliche Element menschlicher seelischer Existenz.

3. Angst hat der Mensch nicht zuletzt aber vor seiner eigenen Unfähigkeit. Wir haben in unseren mitmenschlichen Beziehungen daher insbesondere die Aufgabe, Selbstvertrauen und

Mut zu erzeugen, indem wir die Menschen in ihrer Leistung anerkennen, sie „bestätigen“[71].

4. Hoffnung scheitert natürlich an einer als unvermeidbar eingesehenen Gefahr, wenn es nicht gelingt, Hoffnung wider alle Hoffnung (spes contra spem) zu erwecken. Der tödlich Erkrankte bietet von solcher Hoffnung oft ergreifende Beispiele[72]. Es gehört zu den vornehmsten Aufgaben des Arztes, solche Hoffnung niemals zunichte zu machen.

5. Hoffnung schwindet schließlich, sobald sich Vertrauen bei der Bewältigung einer Schwierigkeit nicht mehr einstellt. Der Verlust des Vertrauens führt zu der Vorwegnahme der Angst, es werde Unheil eintreten, es werde sich unsere Erwartung nicht erfüllen. Wir müßten also Vertrauen erwecken und bestärken.

6. Hoffnung bricht, in der tiefsten menschlichen Verzweiflung, aus der Gewißheit eines Heiles aus der Welt der Transzendenz hervor. Wer den Glauben an die Macht des Transzendenten verliert, der hat den tiefsten Quell der Hoffnung verloren; wer diesen Glauben zerstört, sät Hoffnungslosigkeit und zerstört die Lebensfähigkeit des Menschen.

Wenn also eingangs danach gefragt wurde, ob diejenigen, die von Hoffnungslosigkeit niedergedrückt sind, besonders hellhörig sind für die Nöte der Zeit, so ist die Antwort ein Paradoxon. Diese Verzweifelten sehen die Gefahr, aber sie sehen die Rettung nicht. Wir wollen Rettung hier nicht mit *Friedrich Hölderlin* nur dahin verstehen, daß, wo Gefahr ist, das Rettende wächst. Das Rettende wächst nur dort, wo die Gefahr uns zu neuer Hoffnung bringt. Solche Hoffnung mag oft genug die Täuschung sein, die *Nietzsche* beklagt. Wenn aber Rettung gelingt, so nur durch die Hoffnung derer, die das Not-Wendende tun.

Hoffnung ist also nicht eine Sache des Reichtums, nicht des Habens, sondern des Seins, um es mit *Fromm*[73] zu formulieren. Hoffnung kann aus der Seele des einzelnen kommen, wenn er stark ist; sie kommt für die meisten Menschen aus der Welt, die sie umgibt. Hoffnung ist Sinnerfüllung, also die Versicherung, daß dieser einzelne Mensch in seiner Gesellschaft etwas leisten werde und könne. Diese Sinnfrage ist das Grundproblem aller

Gesellschaften, weil keine Hoffnung entsteht, ohne daß das Leben sinnvoll zu werden verspräche. Selbst der aller Metaphysik abholde Kommunismus schickt sich an, über die Sinnfrage nachzudenken[74]. Der Christ sieht den Sinn seines Lebens in der Annäherung an Gott. Die aber, welche diese Sinnerfüllung nicht mehr nachvollziehen können – welche Hoffnung haben sie? Offenbar die, daß auch ihre diesseitigen, handfesten Wünsche in Erfüllung gehen, daß sie einen „Platz an der Sonne" haben werden, daß eine Zukunft vor ihnen liegt, in der es Erfüllungen von Wünschen, insbesondere aber zu spielende Rollen gibt.

Ist solche Hoffnung noch möglich? Eine Welt, die sich einem atomaren Untergang nähert, in der die Katastrophen der Normalfall der Existenz zu werden drohen, bietet einer Hoffnung wenig Chancen. So muß und soll eine Einsicht am Ende unserer Betrachtungen stehen, welche einmal von einer Arbeitsgruppe der Vereinigung Deutscher Wissenschaftler erarbeitet worden ist, daß nämlich selbst in unserer Gegenwart alle Probleme lösbar wären, wenn nur die Menschen bereit wären, die für ihr Überleben notwendigen Opfer zu bringen. Wie solche Opfer auszusehen hätten, das ist oft gezeigt worden. *Johannes Schlemmer* hat z. B. das Schlagwort von der Charta der Bescheidenheit geprägt, einer Bescheidenheit, deren Realisierung derzeit vielleicht unsere größte Hoffnung ist[75]. Sicher ist nur, daß uns die Steigerung der Ansprüche, die wir derzeit praktizieren, von aller realisierbaren Hoffnung immer weiter entfernt. Was realisierbar bleibt, ist aber der Anspruch, den Menschen wieder zu lieben und ihn als das oberste Wesen zu ehren, dem wir auf dieser Erde dienen können. Wenn wir dazu bedenken, daß dieser Mensch für den Christen zugleich Gottes Ebenbild ist, so sind sich alle großen ideologischen Strömungen der Gegenwart in ihrem letzten Ziele einig, einem Ziel, das weit in der Zukunft liegt, das aber erfüllt werden könnte, wenn die Menschen die sittliche Kraft dazu aufbringen.

Die soeben getroffene und ermutigende Feststellung bleibt dann utopisch, wenn es nicht gelingt, die Menschen in ihrer Mehrheit nicht nur von der Notwendigkeit des Opfers, sondern auch von der Richtigkeit und Durchführbarkeit eines bestimmten Konzeptes zu überzeugen. Es wird, wenn ein solches ekklesiologisches Konzept durchdacht wird, die Einsicht noch auf der Hand liegen, daß es nicht die Lehren einer solchen Gemeinschaft in Richtung auf dogmatische Formulierungen sind, welche diese Macht der Hoffnung zur Entfaltung bringen, sondern die Kräfte, welche die Menschen zu neuem Handeln bringen. Es ist in der Tat die „Umkehr", die das Neue Testament predigt, welche die wesentliche Leistung für die Existenz der Menschen vollbringt. *Küng*[76] hat von der Orthopraxis anstelle einer Orthodoxie gesprochen, wobei er aber übersehen hat, daß die Orthopraxis, nicht minder als die Orthodoxie, einer Definition der „rechten" Praxis bedarf. Nur ist diese Definition vermutlich durch positive, der Weltwissenschaft zu entnehmende Argumente zu stützen, ja sogar zu einem Teil zu formulieren. Die Orthodoxie, die hinter dieser Orthopraxis steht, ist dann in erster Linie die Lehre von der Verpflichtung, die jedermann hat, sich an diesem Werk der Hoffnungsschöpfung nach seinen Kräften zu beteiligen[77]. Der Rekurs auf eine natur- oder geisteswissenschaftliche Begründung verbleibt immer in der Unverbindlichkeit aller positiven wissenschaftlichen Aussagen.

Wir sehen die Aufgabe der Kirchen, die ihnen auch in einer säkularisierten, verwissenschaftlichten Welt verbleibt, zu einseitig, wenn wir nicht auch in ihr die natürlichen, von aller Transzendenz unabhängigen Quellen der Menschenführung und, auf unser Thema bezogen, der Hoffnungsspende erkennen. Eine gründliche Durchdenkung dieser „Naturgeschichte" der Kirchen wird dann freilich bald auf die transzendenten Grundlagen stoßen: sie werden dort offenbar, wo mit der Natur des Menschen umgegangen wird, einer Natur, die eben die Möglichkeiten der Transzendenz umschließt, ja überhaupt erst hervorbringt.

Es sind einige Stufen in diesem natürlichen Auftrag der Kirchen zu unterscheiden, die wir wie folgt skizzieren können.

1. Jede gläubige Gemeinde wendet sich vor allem an den Menschen in der Verlassenheit. Die Gemeinde ist jene menschliche Institution, die das Verlassensein prinzipiell ausschließt. Diese Tatsache erstreckt sich, wie es das Leben Christi bezeugt, auf alle Gründe der Verlassenheit, schließt mithin den Outcast,

den Sünder, den Armen, den Kranken, ein. Von der Verhaltensphysiologie her kann man sogar die Ansicht beweisen, daß eine echte Gemeinschaft jede Form der Asozialität ausschließt, wenige Fälle schweren abweichenden, und dann sicher krankhaften Verhaltens ausgenommen. Asozialität ist ein im Christentum des Gemeindelebens nicht denkbares Phänomen. Um diese Asozialität zu vermeiden, bedarf es freilich jener dem „Nächsten" zugewandten Kräfte, die wir in Kapitel 2.5 analysiert haben.

2. Wenn wir die oben gestellte Frage wiederholen, was denn an die Stelle der transzendentalen Hoffnung treten könne, so wird uns im Zusammenhang mit „Gemeinde" und „Gemeinschaft" sofort deutlich, daß es die in der Solidarität einer solchen Gemeinschaft liegende Sicherheit ist. Wer sich der Liebe seiner Mitmenschen sicher sein darf, verliert die Angst vor der drohenden Isolation und vor sozialer Hilflosigkeit. Moderne Sozialstaaten haben das erkannt und versuchen, die immer insuffizienter werdende religiöse Gemeinschaft durch die versicherungsrechtlichen Solidargemeinschaften des modernen Sozialrechts zu ersetzen. Das ist bekanntlich auch bis zu einem gewissen Umfang möglich, doch endet die Kraft solcher Solidarität dort, wo eine liebende Zuwendung gefordert ist. Alle Perfektionierung der sozialen Sicherheit hat nicht verhindern können, daß die Krankheitserscheinungen, die auf der von Liebe entleerten Existenz beruhen, rasch zunehmen: Süchte und Neurosen. Die ideale, liebende christliche Gemeinschaft (und natürlich jede andere Gemeinschaft von gleicher idealer Struktur) sollte die Entartung in Sucht und Neurose verhindern. Ich möchte so weit gehen zu behaupten, daß an der Zunahme von Sucht und Neurose in einem gewissen Umfang auch die Insuffizienz der Gemeinden ablesbar ist, freilich mit der Einschränkung, daß der Mensch, der sich aus der Gemeinde entfernt, von ihr auch nicht mehr erreichbar ist. Aber hat nicht die Entleerung der Gemeinde (durch Kirchenaustritte z.B.) auch etwas mit ihrer Entleerung an sozialer Funktion zu tun? Und hat diese nicht auch mit der bei Theologen und Kirchenmännern allzu oft vorzufindenden Irrlehre zu tun, daß Christentum es nur mit Doxa, mit der Lehre des Glaubens, und

nicht ebensosehr mit der Orthopraxis, der Realisierung eines Reiches der Liebe, zu tun hat? Es dürfte aus Offenbarungstexten kaum bewiesen werden können, daß man es mit der rationalen Leistung einer Glaubensgewißheit bewenden lassen darf. Das freilich hätten Theologen zu erörtern. In der Kirche liegt jedenfalls die im Gebot der Liebe begründete Kraft zur Beglükkung der Menschen, indem man ihnen die Hoffnung auf Liebe, Solidarität und Sicherheit gibt.

3. In der Kirche steht der Mensch in der Freiheit des Glaubens. Das mag nun denen, welche die Kirche von außen kritisch betrachten, seltsam scheinen, daß hier von Freiheit gesprochen wird, wo doch der Zwang der rechtgläubigen Lehre, eben die Orthodoxie, überall greifbar ist. Der Arzt, der dieser Argumentation die Feder führt, meint aber dieses zu dem Thema Freiheit. Es kommt für das Individuum in der Praxis kaum je darauf an, sich an der Rechtgläubigkeit einer Lehre zu orientieren. Die breite Masse der Gläubigen durchdenkt diese Probleme nicht, und die Gebildeten haben zu allen Zeiten das ausgebildet, was man eine „reservatio mentalis" nennt. Was allen Menschen – hoch und gering – aber notwendig bleibt, ist die Sinnerfüllung ihres Lebens. Wer oder was aber kann unserem Leben einen Sinn erteilen? Meist suchen die Menschen den Sinn ihrer Existenz in den Vorgängen, die ihr eigenes Leben betreffen. Die ärztliche Erfahrung stößt aber immer wieder auf die Tatsache, daß das schlechthin Beglückende im Menschenleben in einer Leistung für andere liegt[78]. Diese Tatsache ließe sich beliebig oft belegen. Mir ist ein sicher nicht in die Literatur eingegangenes Beispiel des großen Arztes *Karl Matthes* noch im Ohr, der einen schwierigen Fall einer Anorexia nervosa (nervösen Magersucht mit Nahrungsverweigerung) bei einem jungen Mädchen dadurch heilte, daß er es bat, wegen der schwierigen Personallage der Klinik doch ein wenig bei der Krankenversorgung mitzuhelfen. Es ist für den Arzt bemerkenswert zu sehen, wie Medizin, Theologie und Kirche in seltsamer Übereinstimmung so einfache Einsichten offenbar vergessen haben. Sie stehen weder in medizinischen Lehrbüchern noch (mit Ausnahmen) in Predigttexten. Lob und Anerkennung für soziale Leistung ist das, was der Mensch am meisten erwartet, wie immer

wieder betont wurde[79]. Aber zur Hervorbringung von sozialer Leistung muß Gelegenheit bestehen. Die Anleitung zur „Sozialität" ist eine der wichtigsten christlichen Aufgaben. Die Kirche sollte sich hier nicht vom politischen Sozialismus übertrumpfen lassen, sollte aber auch erkennen, daß dieser Sozialismus tief christliche Züge trägt. Es ist wahrscheinlich zu machen, daß die Sozialleistung des Menschen und damit seine Funktion als Erzeuger von Hoffnung einem angeborenen Verhaltensmuster entspricht[80].

4. Hoffnung entsteht schließlich in einer Gesellschaft in dem Maße, wie sich die Kultur, von einer Elite ausgehend, auf die Masse der Menschen erstreckt. Dies ist bekanntlich, wie *Herbert Marcuse* betont hat[81], das Ergebnis des bürgerlichen Zeitalters, in dem dieses sich von der Antike ebenso wie vom Mittelalter unterscheidet. Das aber bedeutet, daß sich die religiösen Kräfte mit diesem Kulturauftrag solidarisieren müssen: Es ist auch Aufgabe der Christen, an den Phänomenen der Ausbreitung der Kultur mitzuwirken, und zwar keineswegs durch Beschränkung auf den Bereich der Kirchlichkeit. Diesen Auftrag haben die christlichen Kirchen wohl besonders klar erkannt, wie an der regen Tätigkeit christlicher Bildungsinstitute und Akademien zu sehen ist.

Die meisten der hier vorgelegten Tatsachen sind seit langem bekannt. Ungewohnt ist es nur, sie in dem Zusammenhang zu sehen, in den sie hier gestellt sind. Man könnte durch diesen Zusammenhang zu der Schlußfolgerung verleitet sein, es gäbe auch eine medizinische Problematik von Theologie und Kirche. Wir müssen, am Schluß dieser Betrachtung, solch eine Annahme ausdrücklich ablehnen, jedenfalls soweit es die hier vorgelegten Themata betrifft. Die Medizin weniger, mehr die Anthropologie und Psychophysiologie, hätten zwar manches zu Kirche und Theologie zu sagen, was ihre Entstehungsgeschichte, bestimmte Struktureigentümlichkeiten (wie Hierarchie, Zölibat) und ähnliches betrifft. Solche Überlegungen mögen für organisatorische Probleme nützlich sein. Zur Klärung der ontologischen Fragen von Kirche und Theologie tragen sie wenig bei, ebenso wie zur Erläuterung von Lehre und Praxis der Kirche. Die Beziehungen zwischen Theologie und Medizin sind also einseitig: die Medizin läßt in ihrem System zahlreiche theologische und praktisch-kirchliche Fragen zu, Fragen, welche die Kirchen in ihrem allzu traditionellen Verständnis der Medizin bislang kaum wahrgenommen haben.

Eine solche medizinische Thematik kirchlicher Äußerungen hat allerdings mit hoher Wahrscheinlichkeit rückkoppelnde Wirkungen, welche Theologie und Kirche zugute kommen, ohne dabei ihren Wesensgehalt auch nur zu berühren. Wenn die Kirche sich z.B. auf Fragen der Gesundheit bezieht und diese ausdrücklich in das Konzept des „Heils", im umfassenden psychosomatischen Sinn, stellt, so ergeben sich daraus folgende Konsequenzen.

1. Die Glaubensverkündigung erscheint den Menschen in einem Zusammenhang, der ihnen wohlbekannt ist, den sie für wesentlich halten und der ihre Emotionalität berührt. Diese Einsicht macht die Menschen auf eine neue Weise mit alten Verhältnissen vertrauter, als sie es durch rein theologische Argumente werden könnten.

2. Aus dieser Vertrautheit, die zunächst mehr emotional als rational strukturiert ist, könnte dann auch ein besseres, rational begründetes Verständnis für die Richtigkeit kirchlicher Lehren und Gebote entstehen. Wer z.B. die Theorie der Menschenbildung und Menschwerdung, so wie die moderne Medizin sie erarbeitet hat, kennt, kann bei Fragen der Sexualität kaum mehr die kirchenfeindliche Haltung einnehmen, die man heutzutage gemeinhin findet. Der Nachdenkliche wird aus den Tatsachen der Einwirkungen seelischer Vorgänge auf den Leib zahlreiche religiöse Vorschriften als solche erkennen, welche auch die biologische Existenz des Menschen sichern. Die spiritualistische Einstellung der Theologie des vorigen Jahrhunderts hat die Kirche um die Möglichkeit gebracht, auch das Leibliche als des Heils teilhaftig zu betrachten, und damit viel zu dem geistigen Schisma beigetragen, das moderne wissenschaftliche Welt und Kirche einander entfremdet hat. An dieser Entfremdung haben Theologie und Naturwissenschaft beide ihren Anteil, denn die Naturwissenschaft hat die Wirkungsmöglichkeiten des Seelischen fast völlig aus ihrem Konzept ausgeklammert.

3. Die Kirche könnte also den Menschen helfen, ihre Not,

ihre Leiden, auch als Folge ihrer geistigen Verwirrung zu sehen und dabei Leib und Seele helfen, mit der Folge, daß der Geheilte eine neue Form des Zugangs zu geistigen Prozessen und damit auch zur Kirche gewinnt. Aus der Not des Leibes entwikkelt sich ein Verständnis der Not des Geistes, das man ohne solche Hilfe nicht entwickelt, so daß der diese Dinge nicht reflektierende Mensch auch seinem Leib gegenüber verständnisloser bleibt.

Es sind also jeweils zwei Gruppen von Effekten, die auf zwei Ebenen entstehen: Effekte, welche die Seele und die mit ihr umgehende Kirche betreffen, und Effekte, welche das Individuum und seinen Leib betreffen. Es sind Effekte auf der allgemeinen Ebene des Glaubens und der sozialen Funktionen der Kirche, die das theologische beziehungsweise das wissenschaftliche Verständnis von Glauben und Kirche betreffen. Es ist die Möglichkeit der Existenzbewältigung, welche für das Individuum verbessert wird. Man könnte diese doppelte Doppelbödigkeit nach Manier der Epidemiologen in einer Vier-Felder-Tafel darstellen, die dann folgendermaßen aussähe:

	Seele Transzendenz	Strukturen, Leiblichkeit
	Verbesserte Zugänglichkeit zur Kirche	
Kirche	Glaubenseinsicht	Glaubwürdigkeit; Einsicht in soziale Funktionen
Individuum	Heil	Gesundheit
	bessere Existenzbewältigung	

Es entstünde also aus einer solchen Erörterung ein neues Verständnis von Religion und Transzendenz, da der menschliche Leib als der Schauplatz einer solchen Transzendenz unmittelbar erlebt wird. Heilung ist ein durch und durch uneinsichtiges, zwar naturgesetzliches, aber in ihrer Naturgeschichte unverständliches Phänomen. Wir können zwar angeben, welche physiko-chemischen Prozesse an der Heilung beteiligt sind, aber wir können nicht sagen, wie die komplizierte Maschinerie des Leibes entstanden ist. Die Ansicht, sie habe sich aus „Zufall und Notwendigkeit“ entwickelt[82], ist keine Erklärung, sondern selber ein Glaubensbekenntnis, da der Mechanismus der Notwendigkeit nur in Modellen als möglich, nie aber durch Einsicht als erklärbar erweislich ist.

Es erscheint, angesichts dieser Sachlage, verständlich, daß der dialektische Materialismus, wie seine Praxis in Rußland beweist, der psychosomatischen Medizin äußerst kritisch, wenn nicht ablehnend gegenüberstand und erst in letzter Zeit gelernt hat, die Phänomene der Psychosomatik nach Pawlow zu interpretieren. Das Phänomen der seelisch induzierten Krankheit bedeutet in der Grundsätzlichkeit des Wirkzusammenhangs von Leib und Seele natürlich immer auch die seelische Heilung, an die Pawlow nie gedacht hatte und die eben zu sehr an das Moment der religiös bedingten Heilung erinnert. Wenn der Mensch mehr braucht als ein politisches System, das gesellschaftliche Gerechtigkeit verkündet, so reagiert er sowohl egoistisch als auch transzendental: seine Hoffnung richtet sich für ihn selbst auf Dinge, die jenseits der täglichen Erfahrung liegen. Beide Grundhaltungen, der Egoismus und die Transzendenz, passen nicht ins System der marxistischen Gesellschaftslehre.

Nun ist es nicht unser Anliegen, auf dem Umwege einer Aufzeigung ihrer medizinischen Potenzen die Kirche sozusagen wieder bei der Masse der Menschen hoffähig zu machen. Unser Anliegen ist vordergründiger und einfacher: es soll der Zusammenhang von Heil und Heilen, von Welt und Gott, von Kirche und täglichem Leben an besonders klar demonstrierbaren Tatsachen dargelegt werden. Dieser Zusammenhang ist ein solcher zwischen Transzendenz und Welterfahrung, ein Zusammenhang, der in keiner Weise seine transzendenten Aspekte auf die Kirche oder die Theologie beschränkt. Dieser Bezug wäre nicht einmal notwendig, wenn es Lieferanten von Glauben und Hoffnung außerhalb der Kirche gäbe. Uns kommt natürlich der Satz in den Sinn, daß es außerhalb der Kirche kein Heil gibt. Aber dieser Satz definiert, wie sofort einsehbar ist, nicht etwa das zu erwartende Heil allein, sondern noch mehr das, was Kirche ist. Man könnte sich zu der Allegorie versteigen, daß Kirche eben dort ist, wo Hoffnung „nicht zuschanden“ wird, wo also das Heil des Menschen gleichsam garantiert werden kann. Wer so denken würde, würde freilich nur einen alten christlichen Gedanken weiterdenken. Er würde auf die Einsicht stoßen, daß Kirche überall dort ist, wo Menschen leben und handeln, die im hier beschriebenen Sinn Heilbringer sind.

Man könnte versucht sein, an *Gotthold Ephraim Lessings* Parabel vom Ring im „Nathan“ zu denken. Wäre dann nicht die beste Kirche die, welche das sicherste Heil gibt? Der Mediziner, der ja nach dem bekannten Studentenlied kein Christ ist, wird diese Frage rückhaltlos bejahen, aber wenn er beginnen sollte, vorsichtiger zu denken, wird er die Antwort anderen überlassen, die mehr vom Heil verstehen. Eher sollte er an seine eigene Brust klopfen und sich fragen, ob seine eigene Kunst noch etwas von dem Heil eingefangen hat, das hier behandelt wurde. Hier darf der Mediziner mutiger sein und kritisch antworten. Er wird sagen dürfen, daß eine moderne Medizin, ohne die naturwissenschaftliche Welt zu brüskieren, zum Heil der Kirche eine bejahende Stellung beziehen könnte. Er sollte sich sogar zu dem Eingeständnis bequemen, daß diese Sicht der Medizin den meisten ihrer Adepten verlorenging.

Diese wenigen Seiten sind der Versuch, den so in seine Welt eingebundenen Verstand der rationalen Medizin wieder die volle Wirklichkeit ahnen zu lassen.

Diese Seiten sind aber darüber hinaus der Versuch, Wissenschaft und Kirche gemeinsam darauf hinzuweisen, daß ihr Schisma häretisch ist und weder den Menschen noch der Kirche noch der Wissenschaft bekommt. Es sollten sich alle, die diesem Problem ihre Kraft widmen, der großartigen Rede von Papst Johannes Paul II. erinnern, die er im Kölner Dom an die Wissenschaftler hielt[83]. Dort steht zu lesen, und diese Gedanken will diese kleine Schrift mit allem Nachdruck vertreten, daß beide einander brauchen: Kirche und Wissenschaft. Die für uns hier und heute entscheidende Konsequenz eines neuen Wechselverhältnisses aber wäre, daß es den Menschen eine neue Hoffnung und damit ein neues Heil spenden würde, mit dessen Kraft ein neues Heilen Wirklichkeit werden könnte.

Anmerkungen

Zu Kapitel 1

[1] *Rehder, H.:* „Wunderheilungen". (Ein Experiment), Hippokrates Stuttgart 1955, 577.
[2] *Lain Entralgo, P.:* Heilkunde in geschichtlicher Entscheidung, Müller, Salzburg o.J.
[3] *Balint, M.:* Der Arzt, sein Patient und die Krankheit, Klett, Stuttgart 1957.
[4] *Schmidt, R. F. – Struppler, A.:* Der Schmerz, Piper, München / Zürich 1982.
[5] Eine Erhebung von 1975 durch das Allensbacher Institut ergab, daß sich 41% aller Befragten nicht wohlfühlen. *Noelle-Neumann, E.:* Allensbacher Jahrbuch der Demoskopie 1974–76, Molden, Wien 1976.
[6] *Carrel, A.:* Tagebuch eines Lebens, List, München 1957, S. 124.
[7] Dieser Satz ist für unsere ganze Betrachtung wesentlich. Er besagt, daß Wissenschaft z. B. kein Ethos erzeugt, wohl aber analysieren kann, was ethisch ist. Eine sonst hervorragende Schrift leidet gerade an der Verkennung dieses Tatsachenbestandes: *H. Mohr:* Wissenschaft und menschliche Existenz, Rombach, Freiburg 1967.

Zu Kapitel 2:

[1] Ich entlehne diese Definitionen dem Buch von *W. Sombart:* Vom Menschen, Buchholz und Weisswange, Berlin 1938, S. 3f. Klages versteht unter dem Denken des Menschen freilich etwas Komplizierteres, doch bleibt der Unterschied zum Tier eben der typische menschliche Prozeß des Erkennens. Man hat freilich immer den Eindruck, als werde der Mensch durch den Menschen definiert, im hermeneutischen Zirkel. Doch das trifft auf alle Definitionen des Menschen zu. Vgl. *L. Klages:* Der Geist als Widersacher der Seele, I. Bd., Barth, Leipzig ^{2}1937, S. 368ff.
[2] *Jores, A.:* Der Mensch und seine Krankheit, Klett, Stuttgart 1956, S. 11ff.
[3] Zu diesen Ausführungen s. *Descartes, R.:* Über den Menschen, Hrsg. *K. E. Rothschuh,* Schneider, Heidelberg 1969, besonders die Einleitung des Herausgebers. Ferner *Sherrington. – Sherrington* bezieht sich ausführlich auf J. Fernel, den zur Zeit des Descartes berühmtesten Physiologen, der die Gedanken über die Maschinentheorie des Lebens und die Rolle des Geistes schon vor Descartes entwickelt hatte. *Sherrington, Sir Ch.,* Man on his nature. Cambridge Univ. Press 1953.
[4] Die zahlreichen einschlägigen Zitate *Nietzsches* zu diesem Problem hat *H. Schipperges* zusammengestellt. Am Leitfaden des Leibes. Zur Anthropologie und Therapeutik Friedrich Nietzsches, Edition Alpha, Klett, Stuttgart 1975.

[5] *Popper, K. R. – Eccles, J. C.:* The self and its brain. Springer International, Berlin, Heidelberg / London / New York 1977.

[6] Die umfangreiche Literatur zu diesem Problem ist in den wichtigsten Teilen wiedergegeben bei *K. G. Conrad* (Hrsg.): Eine Gesellschaft verdirbt ihre Kinder, Verlag für Medizin Dr. Fischer, Heidelberg 1982.

[7] *Rahner, K. – Vorgrimler, H.:* Kleines Konzilskompendium. Herderbücherei Bd. 270–73, Freiburg ^{2}1966, S. 355. Dort stehen die besonders deutlichen Anweisungen der hier besprochenen Art.

[8] Verlautbarungen des Apostolischen Stuhls. 25. Papst Johannes Paul II. in Deutschland. Deutsche Bischofskonferenz, Bonn 1981, S. 102 ff.

[9] *Lorenz, K.:* Das sogenannte Böse. Zur Naturgeschichte der Aggression, Borotha-Schoeler, Wien 1964.

[10] *Schoeck, H.:* Der Neid, Alber, Freiburg / München 1966.

[11] *Dunbar, F.:* Emotions and bodily changes, Columbia University Press, New York 1935, 1949.

[12] *Friedmann, M. – Rosenman, R. H.:* Der A-Typ und der B-Typ, Rowohlt, Reinbek 1975.

[13] *Schaefer, H. – Blohmke, M.:* Herzkrank durch psychosozialen Streß, Hüthig, Heidelberg 1977, S. 101 ff.

[14] *von Eiff, A. W.* (Hrsg.): Essentielle Hypertonie. Therapiewoche 24. 1713–1780 (1974). – *Eyer, J.:* Hypertension as a disease of modern society, Int. J. Health Serv. 5 (4) 539 (1975).

[15] Die dieses Experiment in wissenschaftlich zulänglicher Form wiedergebenden Veröffentlichungen sind referiert von *G. L. Paul:* Psychosomatic Med. 25. 233 (1963). Vgl. auch Kap. 3!

[16] *Schleyer, F. L.:* Die Heilungen von Lourdes, Bouvier, Bonn 1949.

[17] *Rehder, H.:* Wunderheilungen (Ein Experiment). Hippokrates, Stuttgart 1955, S. 577.

[18] *Stumpfe, K. D.:* Der psychogene Tod, Hippokrates, Stuttgart 1973.

[19] *Kirchheim, H. – Gross, R.:* Response of renal blood flow and renal sympathetic nerve activity to baroreceptor and emotional stimuli in the conscious dog. In: The arterial system. Dynamics, control theory and regulation (*R. D. Bauer – R. Busse* eds.), Springer, Berlin / Heidelberg / New York 1978, S. 203.

[20] *v. Holst, D.:* Renal failure as the cause of death in Tupaia belangeri exposed to persistent social stress. J. Comp. Physiol. 78. 236 (1972).

[21] Eine Übersicht über die verschiedenen Meinungen zum Thema gibt *Stumpfe* (s. Anm. 18), S. 19 f.

[22] Eine leidliche Einführung findet sich in folgenden Werken: *F. Dunbar:* S. 157 ff (s. Anm. 11); *R. F. Schmidt – G. Thews:* Physiologie des Menschen, Springer, Berlin / Heidelberg / New York, ^{20}1980, S. 736; *Th. v. Uexküll:* Lehrbuch der psychosomatischen Medizin, Urban und Schwarzenberg, München / Wien / Baltimore 1979, S. 679.

[23] *v. Uexküll, Th.:* (s. Anm. 22), S. 679.

[24] Hierzu *H. Schaefer – P. Novak:* Anthropologie und Biophysik. In: *H. G. Gadamer – P. Vogler:* Neue Anthropologie, Thieme, Stuttgart 1972, 1. Bd. 22–58.

[25] Hierzu: 1. Tagung der Internationalen Studiengesellschaft für pränatale Psychologie, Freiburg, Sexualmedizin 1973, S. 86. – *H. Kirchhoff:* Die vorgeburtliche Interaktion zwischen Mutter und Kind: pränatale Psychologie. Geburtshilfe und Frauenheilkunde 42. 1–5 (1982). – *S. Schindler* (Hrsg.; Geburt, Hogrefe, Göttingen / Toronto / Zürich 1982.

[26] *Darwin, Ch.:* Der Ausdruck der Gemütsbewegungen bei dem Menschen und den Tieren, Stuttgart ^{2}1874.

[27] *Eibl-Eibesfeldt, I.:* Liebe und Haß. Zur Naturgeschichte elementarer Verhaltensweisen, Piper, München 1970. – *K. Lorenz:* Das sogenannte Böse, Borothe-Schoeler, Wien 1963. – *W. Wickler:* Die Biologie der Zehn Gebote, Piper, München 1971.

[28] *Lorenz, K.:* Moral-analoges Verhalten geselliger Tiere. Universitas 11 (7), 691–704 (1956).

[29] *Riedl, R.:* Biologie der Erkenntnis, Parey, Berlin / Hamburg 1981.

[30] *Eibl-Eibesfeldt, I.:* Kommunikationsstörungen in der Großgesellschaft. Die Anonymität als zentrales zwischenmenschliches Problem unserer Zeit, Gruppendynamik 13. 1–9 (1982).

[31] Die umfangreiche Literatur ist ebenso wie die Problematik auszugsweise referiert in: *K. G. Conrad:* Eine Gesellschaft verdirbt ihre Kinder, Medizin im Wandel, Verlag für Medizin Dr. Fischer, Heidelberg 1982.

[32] Es ist im Zusammenhang mit sozialen Einflüssen auf Lebewesen eine neue Wissenschaft entstanden, die Soziobiologie, die freilich zunächst noch allzu stark die somatischen Probleme insbesondere der Tiergesellschaften behandelt. Vgl. *E. O. Wilson:* Sociobiology. The new synthesis. Belknap Press of Harvard Univ. Press, Cambridge (Mass.), London 1975.

[33] *Czernik, A.:* Zur Psychophysiologie und Neuroendokrinologie von Depressionen, Springer, Berlin / Heidelberg / New York 1982. Dort weitere Literatur.

[34] *Canetti, E.:* Masse und Macht, Fischer, Frankfurt 1980.

Zu Kapitel 3

[1] Vor Jahren hatte ich angeboten, von der Richtigkeit dieses Satzes überzeugt, Therese von Konnersreuth in dem von mir geleiteten Institut, unter jeder geforderten und schuldigen Achtung ihrer Person und ihres Glaubens, daraufhin zu untersuchen, ob der Erhaltungssatz bei ihr nicht gültig sei. Der Versuch wurde vom Vater der Therese zurückgewiesen. Vgl. hierzu *J. Hanauer:* Konnersreuth als Testfall, Manz, München 1972, insb. S. 358.

[2] So argumentiert z. B. *Ph. Frank:* Das Kausalgesetz und seine Grenzen, Springer, Wien 1932, S. 68.

[3] *F. L. Schleyer:* Die Heilungen von Lourdes, Bouvier, Bonn 1949. Es werden ferner regelmäßig Berichte vom „Bureau des constatations" in Lourdes herausgegeben, auf die sich *Schleyer* vorwiegend stützt.

[4] Es sollte freilich angemerkt werden, daß ein so scharfer Kritiker der Naturphilosophie wie *Ph. Frank* zugibt, daß auch der Satz von der Erhaltung der Energie nicht für beliebige Vorgänge einen Sinn hat (s. Anm. 2, S. 292). Wenn aber ein Fall beobachtet würde, wo Energie scheinbar verschwände, so müßte feststellbar sein, wohin sie verschwindet. Die allgemeine Relativitätstheorie gibt ein Beispiel mit der Umwandlung von Materie in Energie und umgekehrt. Die moderne Lehre der Weltentstehung behandelt ebenfalls solche Probleme. Vgl. *St. Weinberg:* Die ersten drei Minuten, Piper, München 1977. Dort weitere Literatur.

[5] Vgl. hierzu die Diskussion der Paulus-Gesellschaft: Wunder und Wissenschaft, Bd. 5 der Dokumente, Paulus-Gesellschaft München (jetzt Mondsee, Österreich) 1963.

[6] Eine gute Darstellung dieses Paradigmenwandels bei *P. Knauer:* Der Glaube kommt vom Hören, Styria, Graz / Wien / Köln 1978, oder *Küng, H.:* Existiert Gott?, Piper, München 1978, S. 225.

[7] So enthält auch das dreibändige Werk von *K. Jaspers:* Philosophie, als erstes

Kapitel das der Weltorientierung, als zweites das (ganz erkenntnistheoretisch aufgebaute) Kapitel der „Existenzerhellung". Selbst in dem dritten Band „Metaphysik" kommen die hier behandelten Fragen nicht vor. Sie werden erstmals (sehr einseitig) von der Existenzphilosophie behandelt, etwa im Begriff der Sorge bei *M. Heidegger:* Sein und Zeit, Niemeyer, Tübingen 1979.

[8] *Kütemeyer, W.:* Die Krankheit Europas, Suhrkamp, Berlin / Frankfurt/M. 1951.

[9] *Meves, Ch.:* Bibelsprache als Gesundheitssprache. In: Medizin und Theologie. Landeszentrale für Gesundheitsbildung in Bayern, München 1978.

[10] *Schaefer,H.:* Gesichtspunkte der Naturforschung. In: *Schultz, H. J.* (Hrsg.): Wer ist das eigentlich – Gott? Kösel, München 1969.

[11] *Riesmann, D.:* Die einsame Masse, Rowohlt, Reinbek 1958.

[12] Gemeinsame Synode der Bistümer in der Bundesrepublik Deutschland, Herder, Freiburg / Basel / Wien 1976. – *Rahner, K. – Vorgrimler, H.:* Kleines Konzilskompendium. Herderbücherei, Freiburg ²1966.

[13] *Siebenthal, W. v.:* Krankheit als Folge der Sünde, Schmorl und Seefeld, Hannover 1950.

[14] *Rudin, J.* (Hrsg.): Neurose und Religion, Walter, Olten / Freiburg 1964.

[15] *Schipperges, H.:* Die Entwicklung der „Cura" im Verständnis der therapeutischen Dienste. In: *Mayer-Scheu, J. – Kautzky, R.* (Hrsg.): Vom Behandeln zum Heilen, Herder, Freiburg 1980.

[16] *Hildegard von Bingen:* Der Mensch in der Verantwortung (*H. Schipperges,* Hrsg.), Müller, Salzburg 1972.

[17] *Scheler, M.:* Die Stellung des Menschen im Kosmos, Nymphenburger Verlagshandlung, München 1947.

[18] *Biser, E.:* Prolegomena zu einer therapeutischen Theologie. In: *Steinhausen, M.:* Grenzen der Medizin, Hüthig, Heidelberg 1978. – *Biser, E.:* Dasein auf Abruf, Patmos, Düsseldorf 1981. – *Stollberg, D.:* Seelsorge in der Offensive. Wege zum Menschen 27 (7) 268 (1975).

[19] *Bennett, G.:* Heilung brauchen wir alle, Metzingen und Pattloch, Aschaffenburg 1974.

[20] Selbst wenn man mit Biser annimmt, diese Heilungsgottesdienste seien anachronistisch, so sind sie zugleich doch symptomatisch für das Anachronistische unserer Zeit einerseits, für die Phänomenologie der therapeutischen Dimension der Theologie andererseits.

[21] *Carrel, A.:* Das Wunder von Lourdes, Deutsche Verlags-Anstalt, Stuttgart 1951.

[22] *Mahler, M. S. – Pine, F. – Bergmann, A.:* Die psychische Geburt des Menschen, Fischer, Frankfurt 1978.

[23] Deutsche Liga für das Kind in Familie und Gesellschaft. Initiative gegen frühkindliche Deprivation, Weißenthurm bei Koblenz, Fährstr. 17 a.

[24] *Schaefer, H.:* Plädoyer für eine neue Medizin, Piper, München 1979.

[25] *Küng, H.:* (s. Anm. 6) S. 149.

[26] Die weitverzweigte Literatur findet sich übersichtlich dargestellt bei *Christian, P.:* Medizinische und philosophische Anthropologie. In: Handbuch der allgemeinen Pathologie, Bd. 1, Springer, Berlin / Heidelberg / New York 1969, S. 232–278.

[27] *Fromm, E.:* Haben oder Sein. Deutsche Verlags-Anstalt, Stuttgart 1976.

[28] Zur modernen Psychophysiologie der Angst vgl. *Baeyer, W. v. – Baeyer-Katte, W. v.:* Angst, Suhrkamp, Frankfurt 1973. – *Rachmann, St.:* Angst. Formen, Ursachen und Therapie, Urban und Schwarzenberg, München / Berlin / Wien 1975. – *Young, P. T.:* Emotion in man and animal, Krieger, Huntington (N.Y.) 1973.

[29] *Holst, D. v.:* Renal failure as the cause of death in Tupaia belangeri exposed to persistent social stress, J. Comp. Physiol. 78. 236 (1972).
[30] *Stumpfe, K. D.:* Der psychogene Tod, Hippokrates, Stuttgart 1973.
[31] *Heidegger, M.:* Sein und Zeit, Niemeyer, Tübingen 1979, S. 184.
[32] *Jaspers, K.:* Psychologie der Weltanschauungen, Springer, Berlin / Heidelberg / New York 1954.
[33] *Schaefer, H. – Blohmke, M.:* Herzkrank durch psychosozialen Streß, Hüthig, Heidelberg 1977, S. 110.
[34] *Plügge, H.:* Wohlbefinden und Mißbefinden, Niemeyer, Tübingen 1962.
[35] *Rahe, R. H.:* Life change measurements as a predictor of illness. Proc. roy. Soc. Med. (London) 61. 1124 (1968).
[36] Vgl. hierzu *Michel, K. M.:* Kasuistik – die Tugend der Sünde, Kursbuch 60, Rotbuch-Verlag, Berlin 1980.
[37] Die Theorie der frühkindlichen Deprivation ist in zahlreichen Monographien entwickelt worden. Eine besonders eindringliche Darstellung findet sich in folgenden Werken: *Hassenstein, B.:* Verhaltensbiologie des Kindes, Piper, München 1973. – *Langmeier, J. – Matejek, Z.:* Psychische Deprivation im Kindesalter, Urban und Schwarzenberg, München 1977. – *Mahler, M. S. – Pine, F. – Bergmann, A.:* Die psychische Geburt des Menschen, Fischer, Frankfurt/M. 1978. – *Meves, Ch.:* Verhaltensstörungen bei Kleinkindern, Piper, München 1979. – *Schaefer, H.:* Kind, Familie, Gesellschaft, Sitzungsberichte Heidelberger Akademie der Wissenschaften, Springer, Berlin / Heidelberg / New York 1977.

Zu Kapitel 4

[1] *Rothschuh, K. E.:* Theorie des Organismus, Urban und Schwarzenberg, München / Berlin 1963, S. 318.
[2] Lit. bei *B. Badura – Ch. v. Ferber* (Hrsg.): Selbsthilfe und Selbstorganisation im Gesundheitswesen, Oldenbourg, München / Wien 1981. – *M. L. Moeller:* Selbsthilfegruppen, Rowohlt, Reinbek 1978.
[3] *Beckmann, P.:* Der aktive Patient, Ärztliche Praxis 1961, 1887.
[4] Lit. bei *J. v. Troschke – U. Stößel:* Möglichkeiten und Grenzen ärztlicher Gesundheitsberatung, Gemeinnützige Gesellschaft für sozialwissenschaftliche Forschung in der Medizin, Freiburg 1981.
[5] *Cousins, N.:* Der Arzt in uns selbst, Rowohlt, Reinbek 1981.
[6] Lit. bei *Badura* und *Ferber* (s. Anm. 2).
[7] *Huebschmann, H.:* Eine Art seelischer Kernenergie im Kranken selbst (Hilfe zur Selbsthilfe bei körperlich Kranken), Blätter der Wohlfahrtspflege 127 (1) 7–9 (1980).
[8] *Schaefer, H.:* Brückenschläge, Verlag für Medizin Dr. Fischer, Heidelberg 1983.
[9] Die umfangreiche Literatur ist kurz dargestellt bei *Ch. Meves:* Verhaltensstörungen bei Kleinkindern, Piper, München 1971, ²1979. Vgl. auch *H. Küng:* Existiert Gott?, Piper, München 1978, S. 490 ff.
[10] *Kierkegaard, S.:* Tagebücher, I, Diederichs, Düsseldorf ²1975. S. 252.
[11] *Biser, E.:* Theologische Sprachtheorie und Hermeneutik, Kösel, München 1970, speziell S. 568.
[12] Hierzu *W. Litzelmann,* Krankenheilungen Jesu in ihrer medizinischen und theologischen Bedeutung, Arzt und Christ, 28 (4) 189 (1982).
[13] Beispiele bei *O. Prokop:* Medizinischer Okkultismus, Fischer, Stuttgart / New York ⁴1977.
[14] *Ditfurth, H. v.:* Das Geschäft mit dem Wunder, Geo 1982 (11), 44–58.

[15] *Nietzsche, F.:* Werke. 3 Bde., Hanser, München 1966. Bd. 2, S. 128 (Fröhliche Wissenschaft).
[16] *Otto, R.:* Das Heilige, Beck, München 1936.
[17] *Locker, A.:* Selbstentstehung von Leben und Vernunft – ein Trugschluß. In: *H. Nagl-Docekal* (Hrsg.): Überlieferung und Aufgabe, Braumüller, Wien 1982.
[18] *Marcel, G.:* Philosophie der Hoffnung, List, München 1964.
[19] Z.B. *K. Jaspers:* Philosophie, Springer, Berlin / Göttingen / Heidelberg 1956.
[20] *Friedmann, H.:* Das Gemüt, Beck, München 1956.
[21] *Plügge, H.:* Wohlbefinden und Mißbefinden, Niemeyer, Tübingen 1962, S. 38 ff. – *H. Tellenbach:* Sinngestalten des Leidens und Hoffens, In: *W. v. Bayer – R. M. Griffith* (eds.), Conditio Humana. Erwin Straus on his 75th birthday, Springer, Berlin / Heidelberg / New York 1966. S. 307–318. – Nur in spanischer Sprache: *P. Lain Entralgo:* Antropologia de la esperanza. Ediciones Guadarrama. Punto Omega. Editonial Labor. Calabria, Barcelona 1978.
[22] *Heiss, R.:* Allgemeine Tiefenpsychologie, Huber, Bern / Stuttgart 1956.
[23] *Pieper, J.:* Über die Hoffnung, Kösel, München 1977.
[24] In mustergültiger Form hat *H. Schmitz* diese Phänomenologie dargestellt in seinem System der Philosophie. 10 Bde. Bouvier, Bonn 1964–1981.
[25] *Jaspers, K.:* Existenzerhellung. Philosophie II, Springer, Berlin / Göttingen / Heidelberg 1956.
[26] *Schopenhauer, A.:* Sämtliche Werke, Insel-Verlag, Leipzig o.J. Bd. II, S. 945.
[27] Frankfurter Allgemeine Zeitung vom 23. 10. 1980.
[28] *Sherrington, C. S.:* Integrative action of the nervous system. Cambridge Univ. Press. London ²1947. Eine gute Darstellung der fundamentalen Rolle des zentralen Erregungszustandes findet sich bei J. F. Fulton, Physiology of the nervous system. Oxford Univ. Press, New York ³1951, S. 65 f. und bei R. S. Creed u.a. Reflex activity of the spinal cord. Oxford University Press, London 1932. S. 32 ff.
[29] *Pieper, J.:* (s. Anm. 30), S. 58. Vgl. auch *H. Schmitz:* System der Philosophie, Bd. III/2, Bouvier, Bonn 1969, S. 232 ff.
[30] *Pascal, B.:* Gedanken, Reclam, Leipzig o.J.
[31] *Bloch, E.:* Das Prinzip Hoffnung, Suhrkamp, Frankfurt/M. 1959.
[32] *Bollnow, O. F.:* Das Wesen der Stimmungen. Klostermann, Frankfurt ⁴1968.
[33] *Erikson, E. H.:* Kindheit und Gesellschaft, Klett, Stuttgart ²1965 (Erikson spricht von Urvertrauen). – *H. Küng:* Existiert Gott?, Piper, München / Zürich 1978, S. 490 ff (Küng spricht von Grundvertrauen, das einem Grundmißtrauen weiche).
[34] Die Theorie dieser Verhältnisse ist entwickelt in *H. Schaefer:* Kind, Familie, Gesellschaft. Sitzungsberichte der Heidelberger Akademie der Wissenschaften, Math.-naturw. Klasse, Springer, Berlin / Heidelberg / New York 1977.
[35] *Rauch, W. – Hommes, J.:* Lexikon des katholischen Lebens, Herder, Freiburg 1952, S. 415.
[36] *Pieper, J.:* Über den Glauben, Kösel, München ²1962.
[37] *Jaspers, K.:* Der philosophische Glaube angesichts der Offenbarung, Piper, München 1962, S. 49.
[38] *Küng, H.:* Christ sein, Piper, München / Zürich 1974, S. 154 f.
[39] *Gastager, H.* u.a.: Praktisches Wörterbuch der Pastoral-Anthropologie, Herder, Wien / Freiburg / Basel 1975, S. 419.
[40] So bei *K. Jaspers* (s. Anm. 37, S. 49).
[41] Diese Identifikation findet sich z.B. bei *K. D. Stumpfe:* Psychosomatische Auswirkungen des Glaubens und der Hoffnung, Deutsches Ärzteblatt 78, 1685–1689, 1738–1744 (1981).
[42] Eine sorgfältige Dokumentation aller einschlägigen Experimente gibt *G. L.*

Paul: The production of blisters by hypnotic suggestion: another look. Psychosomatic Med. 25, 233 (1963).
[43] Lit. bei *H. Schaefer:* Modelle sozialer Einwirkungen auf den Menschen (Sozialphysiologie). In: *M. Blohmke – C. v. Ferber – K. P. Kisker – H. Schaefer* (Hrsg.): Handbuch der Sozialmedizin, Bd. 1 S. 92 (1975).
[44] Eine meisterhafte Darstellung des Mechanismus der Panik findet sich bei *E. Canetti:* Masse und Macht, Fischer, Frankfurt/M. 1980, S. 22.
[45] Der Verlust der sozialen Anerkennung spielt offenbar eine führende Rolle bei der Angst. Vgl. *S. Rachman:* Angst, Urban und Schwarzenberg, München / Berlin / Wien 1975, S. 55.
[46] *Burckhardt, J.:* Weltgeschichtliche Betrachtungen, Kröner, Leipzig o. J., S. 172.
[47] Daten des Gesundheitswesens. Ausgabe 1980. Schriftenreihe des Bundesministers für Jugend, Familie und Gesundheit, Bd. 151, Kohlhammer, Stuttgart 1980.
[48] *Dubitscher, F.:* Der Suicid, Thieme, Stuttgart 1957. – *U. Venzlaff:* Selbstmord und Gesellschaft, Internist. Praxis 10. 621 (1970).
[49] *Schaefer, H.:* Ermüdung und Müdigkeit. In: *W. Baust* (Hrsg.): Ermüdung, Schlaf und Traum, Wissenschaftliche Verlagsgesellschaft Stuttgart 1970, S. 1–30.
[50] *Engel, G. L.:* Psychisches Verhalten in Gesundheit und Krankheit, Huber, Bern / Stuttgart / Wien 1970.
[51] Lit. bei *Th. v. Uexküll* (Hrsg.): Lehrbuch der psychosomatischen Medizin, Urban und Schwarzenberg, München / Wien / Baltimore 1979, S. 655, 671, 687. Ferner *H.* u. *M. Lewis:* Heilerfolge der psychosomatischen Medizin, Kindler, München 1966, S. 158, 257.
[52] *Rehder, H.:* Wunderheilungen (Ein Experiment), Hippokrates, Stuttgart 1955, 577.
[53] *Carrel, A.:* Das Wunder von Lourdes, Deutsche Verlags-Anstalt, Stuttgart 1951. – *F. L. Schleyer:* Die Heilungen von Lourdes. Eine kritische Untersuchung, Bouvier, Bonn 1949.
[54] Die Arbeiten sind aufgeführt und referiert bei *H. Schaefer:* Some remarks on the history of research on sympathetic nerve action potentials. J. autonomic nervous system 3. 123 (1981).
[55] *Heidegger, M.:* Sein und Zeit, Niemeyer, Tübingen 1979.
[56] *Bloch, E.:* (s. Anm. 31, Bd. 2, S. 1628).
[57] Vgl. *H. Schmitz* (s. Anm. 39, S. 441 ff).
[58] Koran, Sure 55, 56.
[59] Zit. nach *H. Schmidt – K. J. Obenauer:* Goethe-Taschenlexikon, Kröner, Stuttgart 1955, S. 157.
[60] *Nietzsche, F.* (s. Anm. 15, Bd. 2, S. 1183).
[61] *Nietzsche, F.* (s. Anm. 15, Bd. 2, S. 518).
[62] *Uexküll, Th. v.* (s. Anm. 51, S. 63).
[63] *Balint, M.:* Angstlust und Regression, Klett, Stuttgart o. J., S. 22.
[64] *Stumpfe, K. D.:* Der psychogene Tod, Hippokrates, Stuttgart 1973, S. 14.
[65] *Rensch, B.:* Homo sapiens. Vom Tier zum Halbgott, Vandenhoeck und Ruprecht, Göttingen 1965, S. 154.
[66] *Schaefer, H. – Blohmke, M.:* Herzkrank durch psychosozialen Streß, Hüthig, Heidelberg 1977.
[67] *Wojtyla, K.:* Zeichen des Widerspruchs, Benziger, Zürich; Herder, Freiburg / Basel / Wien 1979, S. 40 ff.
[68] *Feuerbach, L.:* Das Wesen des Christentums, Kap. 27, Reclam, Leipzig o. J.
[69] *Kardinal Franz König:* Worte zur Zeit, Herder, Wien / Freiburg / Basel 1968, S. 243 ff.

[70] *Marx, K.:* Werke Bd. I, Wissenschaftliche Buchgesellschaft, Darmstadt 1971, S. 497.

[71] Das bedeutet insbesondere, den arbeitenden Menschen die Gewißheit zu ermöglichen, daß sie die von ihnen geforderte Leistung auch erbringen können. Darauf hat als einer der ersten McLean hingewiesen. Vgl. *A. McLean:* Occupational Stress, Thomas, Springfield (Ill.) 1974.

[72] *Plügge* (s. Anm. 21, S. 30ff).

[73] *Fromm, E.:* Haben oder Sein, Deutsche Verlags-Anstalt, Stuttgart 1976, S. 25ff.

[74] *Kolakowski, L.:* Der Mensch ohne Alternative, Piper, München 1961, S. 191ff.

[75] Die Studie der Vereinigung deutscher Wissenschaftler: vgl. *H. Schaefer:* Folgen der Zivilisation, Umschau, Frankfurt/M. 1974, S. 140. – *J. Schlemmer* (Hrsg.): Zukunft in Bescheidenheit, Ullstein, Frankfurt / Berlin 1981, S. 246ff.

[76] *Küng, H.:* Kirche – gehalten in der Wahrheit?, Benziger, Zürich / Einsiedeln / Köln 1979.

[77] Diesen Gedankengang hat vor allem Böckle entwickelt. *F. Böckle:* Fundamentalmoral, Kösel, München [2]1978, S. 292ff.

[78] Ein eindrucksvolles Beispiel, an dem das Gemeinte erkennbar ist, fand ich bei *J. Foudraine:* Wer ist aus Holz?, Piper, München 1973, S. 197 (Fall Donald).

[79] Lit. bei *H. Schaefer – M. Blohmke:* Herzkrank durch psychosozialen Streß, Hüthig, Heidelberg 1977, speziell S. 112ff.

[80] Das Problem der genetischen Bestimmung des menschlichen Sozialverhaltens ist natürlich sehr kompliziert, und man muß sich vor scheinbar plausiblen Kurzschlüssen hüten. Doch sind die sozialen Verhaltensweisen allgemein weitgehend durch Gene mitbestimmt. Lit. bei *F. Vogel – A. G. Motulsky:* Human Genetics, Springer, Berlin / Heidelberg / New York 1979, S. 458f, und bei *E. O. Wilson:* Sociobiology, Belknap Press, Harvard University Press, Cambridge (Mass.), London 1975, S. 553ff.

[81] *Marcuse, H.:* Kultur und Gesellschaft, Bd. 1, Suhrkamp, Frankfurt [7]1968. Auf S. 58 findet sich die Schilderung, mit welcher Selbstverständlichkeit das Gute und Schöne Sache der Oberschicht bleibt, ein Gedanke, der in unserer Gegenwart unmöglich gedacht werden könnte, wenn er auch vermutlich immer ein Stück Wahrheit behält.

[82] *Monod, J.:* Zufall und Notwendigkeit. Piper, München 1971.

[83] Verlautbarungen des apostolischen Stuhls. 25 A. Predigten und Ansprachen von Papst Johannes Paul II. Sekretariat der Deutschen Bischofskonferenz, Bonn 1980, S. 26ff.

Wo unsere Zukunft heller wird

Die Herderbücherei nach dem 1000. Band

In jeder Serie ist Band 1000 ein Signal. Am Vorabend des Dritten Reiches schrieb z. B. Karl Jaspers für die Nummer 1000 der Sammlung Göschen seine berühmte Zeitanalyse. Die Redaktion der Herderbücherei stellt *ihren* Jubiläumsband unter eine Frage, die heute viele Menschen bewegt: „Wer wird das Antlitz der Erde erneuern?"

Verdruß und Langeweile, Resignation und Ratlosigkeit, die heute allenthalben herrschen, machen es nicht wünschenswert, daß unsere Zukunft eine Hochrechnung unserer Gegenwart wäre. Entscheidendes muß sich ändern, wenn unsere Welt lebenswert bleiben soll. Doch die Hoffnung, daß dies auf *revolutionärem* Wege zu erreichen wäre, ist längst dahin. Bleibt also alles beim alten?

In dieser lähmenden Situation fordert Band 1000 der Herderbücherei dazu auf, verheißungsvolle Aufbrüche anderer Art nicht zu übersehen. Daß Natur verteidigt wird, daß Poesie wieder einen Markt hat oder daß das Verständnis für die Tiefenerfahrungen anderer Religionen wächst, sind nur die augenfälligsten Erscheinungen. Im einzelnen geschieht viel, was über den toten Punkt hinausführen könnte. Wir nehmen es nur nicht wahr, weil der Zeitgeist unseren Blickwinkel verengt hat. Es gilt also, Bewußtseinsgrenzen zu sprengen und neue Wirklichkeiten in den Blick zu nehmen, wenn wir wieder zuversichtlich werden wollen.

Band 1000 der Herderbücherei analysiert, wo sich, meist unterhalb unserer Wahrnehmungsschwelle, schöpferische Veränderungen vollziehen. Sein Untertitel „Von den Spuren des Geistes in unserer Zeit" könnte als Leitwort über dem gesamten Herderbücherei-Programm nach Band 1000 stehen. In vielen Bänden versucht die Taschenbuchredaktion auszumachen, wo Zeichen des Untergangs zu Zeichen des Übergangs werden. Bekannte Wissenschaftler äußern sich dazu in dem Herdertaschenbuch „Wo unsere Zukunft heller wird"

(Nr. 1021). Er wird herausgegeben von Ursula von Mangoldt, die in einem eigenen Band „Was birgt uns in der Gefahr?" (Nr. 1051) ihre Erfahrungen an der Schwelle eines neuen Zeitalters beschreibt.

Veränderungen allenthalben. Auf dem Gebiet der Seelenforschung schildert Elisabeth Lukas, die Meisterschülerin von Viktor E. Frankl, den Weg „Von der Tiefen- zur Höhenpsychologie" (Nr. 1020), den die Logotherapie eingeschlagen hat. Die 1982 begonnene Serie „Wegzeichen" zieht die Folgerungen aus der wachsenden Abkehr vom bequemen Versorgungsdenken. Zum Umdenken fordern Tisa von der Schulenburg und Heinrich Böll auf in Erinnerung an die schlimmen Jahre der Nachkriegszeit: „Was ist aus uns geworden?" (Nr. 1024). In der Tat sind an unsere Humanität neue Fragen gestellt. Das wird besonders deutlich in der Orientierungsstudie „Atomwaffen und Gewissen" (Nr. 1043) oder in dem Dokumentarbericht „Die letzte Fahrt der Kap Anamur?" (Nr. 1058), geschrieben von dem Initiator des Rettungskomitees Rupert Neudeck

Die Welt wieder vielschichtiger und geheimnisvoller zu sehen, darum geht es in einer anderen Programmsparte. So haben Sterne nicht nur einen Lauf, sondern auch eine Sprache, wie der Astronom Udo Becker schreibt („Was sagen uns Sterne?" Nr. 1053). Haben wir einen 6. Sinn?, fragt der Jerusalemer Forscher H. C. Behrendt in seiner „Einführung in die Telepathie" (1022) und als Quintessenz einer langen Beschäftigung kommt der Marburger Theologe Ernst Benz zu der Feststellung, daß ein gründliches Gespräch zwischen „Parapsychologie und Religion" (Nr. 1025) wichtige Ansatzpunkte liefern könnte für ein tieferes Verständnis der biblischen Bücher.

„Warum noch lesen?" heißt der Titel des 53. INITIATIVE-Bandes, in dem Gerd-Klaus Kaltenbrunner und seine Mitarbeiter sich mit dem notwendigen Überfluß der Bücher beschäftigen. Angesichts dieses Programms läßt sich die aufgeworfene Frage leicht beantworten.

Karl Rahner

Kleines Kirchenjahr
Ein Gang durch den Festkreis
Band 901, 128 Seiten

Von der Not und dem Segen des Gebetes
Band 647, 128 Seiten, 10. Aufl.

Zusammen mit Karl-Heinz Weger:

Was sollen wir noch glauben?
Theologen stellen sich den Glaubensfragen einer neuen Generation
Band 700, 208 Seiten, 4. Aufl.

Helmut Thielicke

Das Lachen der Heiligen und Narren
Band 491, 144 Seiten, 5. Aufl.

Der Christ im Ernstfall
Das kleine Buch der Hoffnung
Band 600, 160 Seiten, 4. Aufl.

Von der Freiheit, ein Mensch zu sein
Orientierungen und Entscheidungshilfen
Band 860, 176 Seiten

in der Herderbücherei